太氣拳

●新装増補版
実戦中国拳法

太氣拳

澤井健一著

日貿出版社

序

　第2次世界大戦後、30年を経た現在、数多くの格闘技が、いわゆる武道という名のもとに世界的に流行している。武道が今日ほど盛んであったことは、いまだかつてなかったであろう。

　何故、各種の武道がこのように流行しているのか、私は判断に迷うことがある。流行している種々の様式の武道の中には、とても格闘技とは思えないものまでがもてはやされていることがあり、映画やテレビで演じられるアクションが、武道の技として平気で通用している現実を考えると、もはや武道とは一体何であるのか判断に苦しむ。

　その質的な面はともかくとして、武道が数的に広く普及し、多数の人間が何らかの形で武道に興味を覚え、また修行することによってその益を得ることは好ましいことであり、また武道のもつ数々の長所を自分の考えで選択し、とり入れてゆくことも良いことである。

　しかし、普及のみが何よりも優先し、武道の本質、或は格闘技の内容をその犠牲にして、これを曲げてしまうことは許されることではない。何事も、その時代、時代の主潮に合った発展のしかたをするのは当然であるが、今日の武道のあり方に限っていえば、やはり、それは本質からあまりにかけ離れ過ぎた状態にあるといわざるを得ない。

　今こそ各武道家は、各々が自分の武道を広めるために時流に迎合することをやめ、武道本来のあるべき姿に戻らなければ、真の武道の発展は将来望めまい。

　武道とは、本来、妥協を許さない厳しいものであった。武芸者は、常に「生」と「死」のせとぎわにあって、なまぬるい判断や妥協は、即刻自分の生命の存亡に直結していたからである。この厳しさに生命をかけ、耐えぬいた武芸者、或は武道だけが真の武芸者であり、武道であった。今日では、命がけの勝負や技術は廃止され、それに代わる方法として、スポーツ形式の試合が発達したが、最も大切なことは、姿がいかに変ったとはいえ、武の本来性、つまり、生命にかかわる厳しさを忘れてはならないことである。武道を生活の手段としたり、売名を目的としてこれを利用する指導者がいくら多くいても真の武道は発展するはずがない。

　私は第2次世界大戦中、中国の最前線に身をおかれ、戦争という極限状態の中で過ごしたが、この経験の中で、人の生命というものが、いかなるものであるかを知った。そして当時、私は中国の最大の拳法家、王薌斎先生に真の武道、真の拳法を教わった。私はそれまでに武道、特に剣道と柔道には自信をもっていたが、王先生に師事して初めて真の武道の偉大さを教えられた。

　王先生の教え方は、今日の合理主義万能の考えからみると、著るしく効率の悪い方法で、とにかく時間のかかる稽古方法であった。例えば、本書でも説明している「気を発揮する」ための稽古では、ただ立禅を組んで、たんねんに自分自身の体を内側から鍛えるために、何年も同じ単調な動作を続けるのであるから、血気にはやる若い私には、時には苦痛ですらあった。しかし先生のもとを

離れて30年間、先生の教えを守り続けた結果、ようやくその教えこそが武の真理そのものであることを理解できるようになった。

武道とは、結局は長い時間をかけて技を納得しながら練りあげていくもので、いかなる合理性や科学的な理屈を持ってきても、武の本質は体得できない。その本質に迫ろうとすれば、そこには、進歩した方法とか、古い方法とか、理屈で解決できるものは何もない。ただ、ひたすらに自分のすべてを投げうって「気」を養成し「体」を練る以外に方法はないのである。

私は自分の体験から考えて、や丶性急な性格を有する日本では、この拳法が誰れにも容易に理解され得るとは当初より期待していなかったので、ただ自分自身のために修行を続けてきた。しかし、永い間に私の拳法を理解して、一緒に稽古をする者も増え、最近では外国からまで人が来るようになった。このような折に日貿出版社より出版の依頼があり、実のところ私は困った。何故なら、理屈ぬきで自分の体で体得しなければならないこの拳法を、文字や写真で説明することができるかということである。また、本で覚えた武道がどれ程役に立つのか、私はその矛盾と疑問に迷わざるを得なかった。

しかし、たとえ一枚の写真からでも、その本当の意味を感じとることができる人が居るかも知れないと説得され、出版に踏みきった。

本書の出版に当っては、私と稽古を共にしている弟子達が多大の協力を提供してくれたが、名前を挙げて感謝の意を表したい。

先ず、佐藤嘉道、それに岩間紀正、J・カレンバッハ、斉藤正志、吉田一男、伊藤幸夫、松村康男、中村光男、今井学、私の次男の澤井昭男の諸君の協力、並びにカメラマンの松永秀夫氏と日貿出版社の勢心なご協力に感謝の念を多としたい。

1976年10月

澤井健一

目　次

序
太気拳の歴史　　9
形意拳について　　12
太気拳の特徴　　14
禅　　17
　立禅・半禅 19
　揺 20
　気を入れる 23
這　　24
練　　28
　迎手　　34
　払手　　58
　差手　　62
　打拳　　76
稽古方法　　90
組手　　110
探手　　155
逆手　　161

あとがき　　189

●新装増補版新収録
立禅にささえられて　佐藤嘉道　192
写真"拳聖の肖像"　　196

太気拳の歴史

■内家拳と外家拳

　中国の武術は少林寺の達磨大師に始まると言われているが、これは伝説的な由来で確証があるわけではない。しかし、そのころ何等かの武術的な鍛練が行なわれていたことは、今日まで伝承されている少林拳で明らかである。中国拳法はその後、多くの流派に分かれて今日まで伝わっているが、有名な拳法に少林拳・太極拳・形意拳・八卦拳があり、あまり有名でない拳法は数えきれないほどある。
　さて、本書の太気拳であるが、この拳法は形意拳の流れをくむものである。形意拳は太極拳・八卦拳とともに内家拳に属するものであり、これとは別に少林拳は外家拳に属するものである。このように中国拳法を外家拳と内家拳に分類することには問題はあるが、中国拳法だけでなく武術というものを理解するのに、この分類方法は大変役に立つのである。それでは、その違いについて簡単に説明してみよう。まず、外家拳であるが、これは形の稽古から始め、人体の筋肉を鍛練し、技を順々に会得していく方法であり、一見して剛であり、技の修得も外観上からわかるので学びやすい。つぎに内家拳であるが、この場合は、内的気攻を重視する方法で、禅による精神鍛練から動へと鍛練する。外家拳の剛に対して内家拳は柔であり、内家拳の精神の鍛練には長時間を要する。そうであるがゆえに修得することは非常に困難であると言われている。

■形意拳の発展

　形意拳は一般には宋末の岳飛に始まると言われているが、これも確証はない。その後、河北省の李洛能が形意拳の拳法家として有名になり、更にその弟子の郭雲深は「半歩あまねく天下を制す」と恐れられたほど強く、彼との立合において死をまぬがれたものは、兄弟子の車毅斉と八卦拳の董海川の二人だけだと言われている。また、郭雲深は諸国の武術家との試合で相手を殺してしまったため、三年間の牢獄生活を送ったことがあり、この間に「魔の手」と呼ばれる神技をあみだしたのである。
　形意拳はこの郭雲深の出現により、中国全土にその名をとどろかせた。そしてその弟子に李殿英・王薌斉・息子の郭深などのすぐれた拳法家を輩出した。この中の王薌斉は、又の名を王宇僧といい、大成拳の創始者であり、私の師匠でもある。また李殿英の弟子、孫禄堂は形意拳・八卦拳・太極拳の三つの内家拳の共通性を見いだし、総合派を生み出した。一方、郭雲深の同僚に劉奇蘭がいたが、彼は従来の形意拳をそのまま受け継ぎ、弟子の李存義、更にその弟子の尚雲祥へと伝えてゆき、保守派と呼ばれた。このように形意拳は郭雲深以後、李存義の保守派、王薌斉の心意派、そして孫禄堂の総合派の三派に分かれていったのである。なお孫禄堂は「形意拳(上)・(下)」という書の中で、王薌斉のことを詳しく述べている。

■ 大成拳と「気」

　大成拳が形意拳の一派として王薌斉により創始され、心意派と呼ばれたのは上述の通りである。では、何故に心意派と呼ばれたのか。それは、王薌斉が「郭雲深先生の神技は気の力によるものであり、それを習得せずして本来の技はない」として、立禅を重点とした稽古をしたためである。そして、相手と立合ったとき、本当に気が十分発揮できるに到り、すなわち、王薌斉の拳法が大成したとき、彼はこの拳法を大成拳と名づけたのである。

■ 師・王薌斉との出合い

　私と王薌斉先生との出合いは、私が第二次世界大戦前に中国に住んでいた時である。王薌斉先生は体は大きくなく、歩いているときはまさにアヒルのようであった。しかし、先生のもとに入門するのは非常に難しく、入門希望者が来るとその場に放っておくだけであり、見よう見まねで兄弟子について稽古しなければならなかった。私は幸いに外国人であったために、いろいろぶしつけな質問や行動もできた。
　先生と出合った頃、私は柔道5段であったので少しは腕に自信があった。まず、先生にお相手願う機会を得ると、私は先生の手を取って技をかけようとしたが、そのつどはね飛ばされ、いきなりつかんで技をかけることは無理だとわかった。そこで、先生にお願いし、つかみ合った状態でお相手をしていただくことになった。私は先生の左袖と右襟を取り、投げに行き、失敗した場合は寝技に持ちこめばよいと考えていた。しかし、「いいか」「はい」で始まった瞬間、私の右手は完全に殺されて突き飛ばされていた。私はお願いして何度も相手をしてもらったが、結果は同じだった。そして、私は突き飛ばされるたびに軽く心臓の上を打たれた。勿論、軽く打ってくれたのであったが、ピリッと刺すような、心臓が揺れるような変な痛さで恐しくなったのを覚えている。だが、私はそれでもあきらめなかった。今度は剣道でと思い、棒で先生めがけて打ち込んでいった。しかし、これも先生の持つ短い棒で払われ、ついに一本も取ることができなかった。「剣も棒もすべて手の延長なのだ」と稽古の後で先生は静かに言われた。

■ 太気拳の創始

　私はこの瞬間、すべての自信を完全に失って、目の前が真暗になり、ひたすら王薌斉先生に教えを乞うより他に方法がなかった。そして、先生が常に言われる立禅を重点とした稽古を毎日続けているうちに、大陸的な息の長い、中国武術というものが、次第にわかってきた。
　その後、私は大成拳を会得し、太気拳を創始した。私は外国人の弟子であるので、大成拳と言わずに、気の一字を使って、太気拳と名付けて新たに出発する許可を得たのである。私は今日、この歴史ある拳法を知り得たことを誇りに思って

いる。そして、昔を思い出すとき、常に王薌斉先生の姿が目に浮かび、先生がよく私に言われた言葉を思い出す。「あなたに気の力を何百回、何千回説明してもわかりはしないだろう。しかし、あなたは私と立ち合って、その偉力は知っている。それは自分の力だけでしか得られないものだ」そして、終戦後帰国して、ある道場での立合において「これが先生の言われた気というものか！」と感じたときの驚き、その驚きは一生を武道家として辿る、太気拳としての出発ともなった。

形意拳について

■ **李洛能と神拳**

　形意拳は別名心意拳とも呼ばれ、創始者は宗時代の岳飛であると言われているが確証はない。その後、明代から清の初期にかけ、山西省出身の姫際可という槍のすぐれた武人が出て、形意拳の基礎ができたようである。そして、形意拳は曹継武と馬学礼に継承された。

　清代に入ると、曹継武の弟子戴龍邦や戴陵邦が出て、更に戴龍邦の噂を聞いた河北省の李洛能が彼のもとに入門した。李洛能は40代後半にして神拳と称されるほどの達人に到り、手合わせにおいて、強力な、しかも瞬間的な手の動きで、相手をまったく寄せつけなかった。彼は後に郷里の河北省に帰り、弟子の育成に努めた結果、河北省の形意拳の名は高まり、数多くのすぐれた弟子を生み出した。その中でも、郭雲深は達人の域にあり、中国全土で無敵と称された。

■ **郭雲深と崩拳**

　郭雲深は特に崩拳の技にすぐれており、殆んどの相手をこの崩拳によって倒したと言われている。彼はある仇討の立合で人を殺し、三年間の牢獄生活を送ることになったのである。そして、この期間も修業に励み、郭雲深独得の崩拳を生んだ。牢獄の中では常に縛られていたため、手と手の間隔を広げることができず片方の手を前に出そうとすれば、常に両方の手が前に出ることになる。つまり、一打拳が出ている時も、もう一方の手は常にその打拳について行く形となり、攻撃とともに鉄壁の防禦となる。このようにして、常に無理のない歩幅で相手との間合をつめ、相手が攻撃してきたとき、手枷で防禦すると同時に、相手と交差し攻撃するという、郭雲深独得の形が3年間の牢獄生活で完成されたのである。郭雲深の体は大きくはなかったが、彼は雄強であった。ある日、他流派の門下僧が一手交えたいと申し出てきたので、彼は立合ったが、半歩進んで崩拳を撃つと、僧はふっ飛んだ。その僧は起き上がると、もう一度と願ったので、再び立合って、崩拳を打つと、僧は肋骨が崩れて起き上がれなかった。郭雲深の崩拳はそれほど威力があったのである。

■ **太極学から12形へ**

　形意拳の稽古は、まず、太極学を学び、基本的な「気」を立禅によって練習し、形意五行拳へと移る。五行拳には、劈拳・崩拳・鑽拳・炮拳・横拳、それに応用技で前進していく連環拳がある。これらの技は互いに関連し、実際の相手との立合においては、これらの技の中から自分の一技が出てくることになる。更に、形意拳の稽古に12形がある。12形とは竜形・虎形・猴形・馬形・亀形・鶏形・鷂形・燕形・蛇形

・鮎形・鷹形・熊形の12の動物の形よりなっている。形意拳の名前の由来はここにあり、動物の意を受けて形となる拳法という意味である。このことを解りやすく言えば、人間を含めて動物が本来の動きをするとき、それは脳による判断ではなく、動物の本能、つまり自然な動物の意から起こるものであり、この意を形としたものが形意拳である。したがって、意なくしてその形は出てこないのである。この点は、形意拳が他の武術と最も異なる点であり、稽古においてもこの本来の意を悟らなければ、いくら技を学んでも何の意味もない。確かに何年も技を稽古することにより、ある水準まで上達はするが名人の域に達することはできないであろう。武道を追求するものは早くこの点に気づき、日々の鍛練を怠らぬことである。

■ 形意拳の極意

　相手と立合う場合の形意拳の特徴は、まず、相手の攻撃に対して、退かないということである。形意拳には一定の距離を保って放つ蹴り技はなく、相手の攻撃と同時に自分は相手の中に入っていくのである。第二の特徴は必ず一方の手は防禦になっていることである。その手が迎手であるか払手であるかは別として、形意拳では防禦は完璧でなければならない。また、第三の特徴として、形意拳では試合のかけ引きや相手に対する牽制はないということがあげられる。何故なら、相手の体の動きによって自分の体は自然に無理なく、しかも瞬間的に動くのが形意拳の極意であり、あれやこれやと頭で考えて動くのではないからである。例えばある武道で、右手で牽制をして蹴り技をきめるという練習方法がある。しかし、形意拳では牽制などはなく、もし相手が牽制をした場合、即座に、容易に相手の中に入って攻撃するのである。このように形意拳の技は、相手の動作を頭でいろいろ判断して対応するのではなく、いかなる相手の動きにも無意識ともいえるほど瞬間的に、無駄なく、かつ的確な体の運用で防禦と攻撃を行なうのである。

※太極──易学から発し宋に至って大成したシナの哲学で、世界万物の
生ずる根元。宇宙の本体。天地のまだ分れない以前、世界万物の元始たる
ものの称。(岩波書店「広辞苑」より)

太気拳の特徴

■ 気の養成

　太気拳で最も重要なものに「気」がある。「気」なくして太気拳は ないと言える程、気は大切なものである。しかし、気といっても決して難しいものではなく、気は強弱の差はあるが誰もがそなえているものである。武術を志す者はこれを鍛練し、強くするということは勿論であり、さらに進んで、気という力が相手と触れ合った瞬間に、常に十分発揮されるということが重要である。練習をいくら積んでも相手と立ち合ったときに、気の力が外に出てこなければ意味はない。
　では、どのようにすれば相手と向い合ったとき気の力を十分発揮できるかというと、その方法はないのである。しかし、立禅という太気拳、大成拳が行なう方法によって養成はできる。立禅は中国武道家が行なう、立ったまま組む禅である。この禅を組めば、神経は静まり、とぎすまされ、呼吸の鍛練にもなる。じっと禅を組んで立っていると、最初はいろんなことが頭に浮かんでくる。そのうちに手・足・腰が疲れ痛くなると、頭で考えていたことが痛みの方へと集中し、何も考えられなくなる。足が痛ければ、足にばかり神経はとらわれ、手、腰は自分の感覚から分離するといった具合である。こうして苦しみながら長年続けると、すっきりした立禅が組めるようになる。すると気は知らぬ間に養成されているものなのである。
　私も王薌斉先生について禅を組んだとき、それはつらく、一体、こんなことをして何になるんだろうと思った。そんなとき、王薌斉先生は「あなたに気の力を何百回説明してもわからない。それは自分の力でしか得られないものだ。」とおっしゃるだけであった。私も今、弟子に同じことを言っているのである。このように、気は自分自身への厳しい立禅の稽古によってしか養成できず、教えられてすぐ会得できるものでないところに、その貴重さがあるのかも知れない。
　以上のように、気は言葉で説明することはほとんど不可能である。そこで、コマを例にとり、気というものの感じをつかんでいただくための説明をする。「気は一心に回転しているコマみたいなものだ。回転が速いコマは、傍から見れば静かに立っているように見える。しかし、何かがそのコマに触れた瞬間に、激しくはじき飛ばされる。何かが触れなければ、外観的にはこのコマの偉力はわからない。本当に『気』を発揮できる武術家は、回転しているコマみたいな偉力がある。相手と立ち合うとき、一見静かに立っているように見えるが、相手が攻撃し、前に出て相手と接触する瞬間、『気』の力が発揮される。」

■ 形あって形なし

　太気拳には定った形はない。本書では防禦、攻撃の技をいくつか示しているが、これはこのような防禦、攻撃の方法もあるという例に過ぎない。
　要は立禅と這を稽古で完璧にし、相手の攻撃に応じて、自然な形で手や体がそ

れに対応すればよいのである。無理に形を定め、大きい者も小さい者も同じ形の技を練習することは無意味である。また、あまり形にとらわれると、動きが逆に死ぬことになる。太気拳では自分の体にあった自分の動きを自分で習得するのである。そこに太気拳の良さと難しさがあり、自分の体に合う自分の動きができるようになって初めて、内家拳の拳法家としての芽ばえができたと言える。太気拳が、有形無形、すなわち形あって形なしと言われるゆえんはここにある。

■天・地・人と体の動き

　太気拳では体はすべて分離していなければならない。手は手、足は足で各々の働きをするように稽古することが大切である。従って、これは前に述べた太気拳に形がないということとも関連するが、右構え、左構えといった定ったものはないのである。手は、いわば自分を守る触角であり、腰は体を安定させる「地」の役目である。太気拳では腰を落すが、一般的に腰を落すと動きがないものとされている。しかし、それは腰が固いためであり、十分に鍛練された柔かい腰であれば問題はない。また、足は体を十分に練るために、歩幅は広くとらない。ちなみに、歩幅を広くとる者に名人はいない。

　太気拳では手のすべての動きが防禦と攻撃を含んでいる。時には手は太刀の役割もする。手の動きには、迎手と払手の技がある。迎手は腕の内側で相手の拳を受け、引き込む方法であり、払手は腕の外側で相手の攻撃を払う方法である。さらに、迎手から払手への関連技に変化していく。

　いま、仮りに肩から手の指までをここで手と呼べば、写真Aのように構えたとき、太気拳ではこの手が昆虫でいえば触覚の働きになる。そして、この触覚である手が、相手が攻撃してきたとき、手の内側で受けるか、外側で受けるかを自然に決めるのである。その判断は決して目や頭でするのではなく、手は完全に頭から分離し、独自の触角の働きにより素早く相手の攻撃に対して反応するのである。また、写真Aのように右手が上ったり下がったりしているとき、左手は添手になっていることに注意する必要がある。

A

添手とは、相手が打ってきた拳を受けに行った手が受けそこなった場合、もう一方の手で受けられるよう添えられた手をいう。
　また、この手という触角により、体全体が反応する必要がある。手が下がれば同時に腰も下がらなければならず、手が進めば腰もそれにつれて進まなければならない。こうして、手の動きに体の動きがついていくことにより、手の偉力は倍加する。太気拳を習得しようとするものは、この太気拳の独得の手を常に念頭に入れて稽古する必要がある。

■自然の中での稽古

　太気拳の稽古は外でするのがよい。特に木立のある場所で早朝、稽古するのがよい。自然に囲まれた中で稽古をつめば、自然の中から多くのものが得られる。従って、道場は必要でない。武道はあくまで個人的な地道なものであり、その意味では自然の中での日々の鍛練こそが、唯一無二の上達の方法となる。
　私は、武術の道は大きな一本の樹みたいなものだと思う。樹の下の部分の太い幹は若い頃、そして、歳をとるにつれて上へゆき、幹は細くなり、やがて枝に変わる。若い頃の太い幹は力があり、どれだけ稽古しても耐えられる。だが、年老いて枝になったとき、風が吹けば枝がしなるように、しならなければ、ポキリと折れる。年老いてゆけばゆくほど、梢の小枝のように、自然に身を委せた、てらうこともけれんも全くない、いわゆるかれた技を発揮でき、若い後継者にこの範を示す者こそが真に優れた武術家なのである。

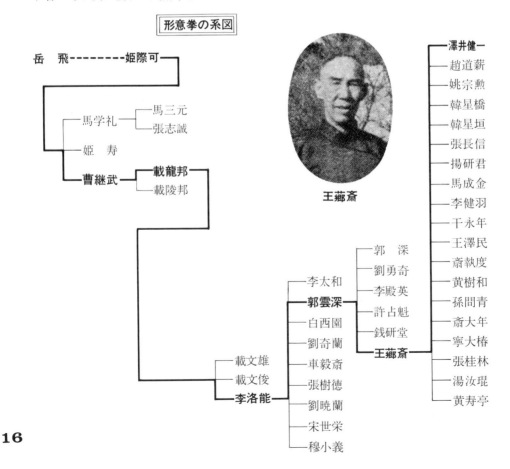

形意拳の系図

禅〈ぜん〉

　日本で一般的に行なわれている禅は座って行なう座禅であるが、中国の武術には立って禅を組む立禅というものがある。立禅を組むことにより、人は自分の持つ内的な力をより強力にすることができ、瞬間的な爆発力を養成できる。この内部から発する瞬間的な爆発力は、一般に「気」と呼ばれている。立禅は気攻法としてのこの気を養うために行うのである。

さて、気であるが、気は説明によって理解することはほとんど不可能である。もし、気を教えるものがいたとしても、それは本当の気ではなく、恐らく言葉上の気に過ぎないであろう。気は結局、厳しい稽古や実戦の中で相手と対峙したとき会得するよりほかに方法はないのである。数千年の中国の歴史の中でも、気は自分への厳しい稽古の中で、自分自身でしか会得できないものとされている。形意拳、大成拳、太気拳の名人の場合、すべて禅の稽古により、この気を会得したのである。

　前にも述べたが、私が気の説明を王薌斉先生から受けたとき、理解できなかった。しかし、先生が言われた通り禅の稽古を何年も積んで後、それも中国から日本に帰り、いろいろな人との立合の中で、ある日突然「これが気だ！」と悟ったのである。王薌斉先生は気の説明でつぎのように言われた。「気というものの雰囲気をつかむのに例を挙げてみると、水の中に魚がゆっくり泳いでいる。そこに小石をポンと投げ入れると、魚はさっと泳ぎ去る。一瞬のできごと、一瞬の速さ。気はそれに似ている。それは一般にいう運動神経ではなくそれ以上のものである」と。王薌斉先生が言われたことは真実であった。そして、私も弟子に同じことを言っているのである。

　気が会得でき、相手との立合において気が発揮できれば、相手が攻撃してきたとき、自然な自分の体の動きに自分自身をまかせることができる。ところが、気の会得がなければ、筋肉の鍛練をどれだけしても、相手が攻撃してくるときに、自分も一緒に相手の方へ出ていくことはできないであろう。勿論、玉砕覚悟で相手に突っ込んでいくことは考えられるが、そのようなことは若い一時期はできるかも知れないが、武道家のやることではない。また、突きや蹴り技を速くするための稽古を何年しても、その速さは二倍になることはなく、あとは齢をとるにつれて遅くなる一方である。しかし、気が会得できれば、誰でも効果的な速い突き、速い蹴り技を出すことができるであろう。このように、相手が攻撃してくるとき、自然に無理なく無意識に相手の中に入り、しかも相手と交差するとき、常に自分の体が防禦されているというのは、攻撃の速さの問題ではなく、気が会得できているか否かの問題である。

　太気拳が行なう立禅の姿勢は、単なる「立った姿勢」ではなく、その立ち方そのものが内臓諸器官や足・腰を鍛練する具体的な方法であること、それ故に立禅を長く組む事が、足・腰をより強靱にすることにつながる。

　立禅は、早朝、野外で組むのが最も良い。人間は自然の中で始めて新しい気力というものが湧き出るものだ。まして、一生、武術家として歩むつもりがあれば、どこででも稽古できなければならない。同じ場所、同じ道場で、さらに相手がいなければ練習できないというのでは「武術家」としては程遠く、単なる一人の「武術に興味ある人間」でしかない。自然の木立に囲まれた所で禅を組むと、たとえようのないほど良い気分になり、自分も自然の一部分となる。気はこうした自然の中で禅を組むことによって生まれるのである。

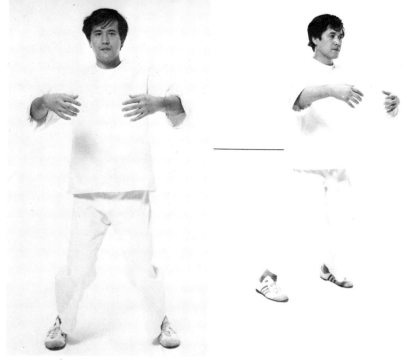

立　禅 〈りつぜん〉

　立禅は太気拳の基本となるものであり、この稽古により気が養成されるものであるから、正しい形を学ばなければならない。
　歩幅は肩幅よりやや広めで(自然体)、手は太い木を抱いているような感じで前に上げる。目の位置はぼんやり前方を見る(あまり一点を凝視しないこと)。足はかかとを少し上げ、膝を内側に少し折り曲げる。腰も少し落す。
　最初は10分～15分位できれば良い方である。稽古を積んでいくうちに、30分～1時間と時間をのばす。一度形を決めたら、やたらに手・足・腰を動かさないで、じっと立つ。

半　禅 〈はんぜん〉

　立禅の変形である。子供を抱くような形で、重心を後足におく。

揺〈ゆり〉

　立禅を長く組んだ後に、ゆっくりと両手を下げると同時に膝を伸ばし、更にゆっくりと気分をととのえる動作を行う。この動作を揺と呼んでいる。

　禅を組めば身も心も自然に静にもどる。しかし、禅が終ってすぐに飛んだり跳ねたりしたのでは何にもならない。禅の気分を大切にしながら静から動へと移行していくことが肝要である。揺はこの意味において動への先がけとなる最初の動作であるから、特に気分を入れて大事に行う必要がある。

　太気拳の稽古は、このように常に静から動へと移るものであり、その間、首尾一貫して武の気分が流れていなければならない。気分が乗ってはじめて本来の自分の動きというものが出てくるし、気分が良くなれば、無理のない自然な動きが出てくるものである。その気分・感じというものを、しっかりと捉えていなければならない。

　揺の気分は、大きな木を自分の方へゆっくり引きつけるような、そして押し返すような感じである。手の形ばかりにとらわれていると、どこか不自然な揺になる。

　立禅から手を静かに下げながら、足を伸ばして自然体で立つ(♯1－♯2)。立禅から離れて揺の動作に移る時は静かに元にもどす。左足を半歩前に出し、物を引きつけるように手を動かす(♯3－♯5)。あまり意識的に腰を落したりしないで、できるだけゆっくりやる。引きつけた手を前方へ力を入れずに、ゆっくり押しだす(♯6－♯7)。以上の動作を3回繰り返す(♯8－♯9)。自然体に一度もどり(♯10)、今度は右足を半歩前に出し、同じ動作を3回繰り返して(♯11－♯13)、自然体にもどる(♯14)。

　揺はあくまでも立禅の一環としてあるので、立禅が自然に揺の動作に移行したと思えばよいのであり、別々に考えて動くと何の役にもならない。揺は立禅の延長なのである。

気を入れた瞬間

揺が終ったら自然体に戻り（♯1）、左足を半歩前に出し、左手に右手を添えながら、息を一気に飲み込み気を入れる（♯2－♯3）。次に右足を半歩前に出し、右手に左手を添えながら息を一気に飲み込み気を入れる（♯4－♯6）。

気を入れる

　気の説明はすでに禅の中でも述べたが、気を外に発揮するための稽古、いわゆる発勁というものを「気を入れる」と呼んでいる。気はそれ自体、内に強力なものを持っているが、この気がいざ相手と立合う時に常に発揮されれば名人の域である。

　気を入れる場合、自分の息を一気に飲み込み、力と精神を集中して気を入れるのであり、大声を出して息を外に出す気合とは違っている。また、気の発揮について、吹矢の名人の例をとって説明してみよう。今、相手を吹矢で倒そうとする吹矢の使い手がいる。彼は一体どのようにして相手を追うのだろうか。体を常に柔らかく、相手の動きに合わせながら、じっと待つ。しかし、最も重要なのは、いつでも一気に、瞬間に「ぷっ」と吹ける状態にある事なのだ。それは、筒を通ってゆく矢のために、すべての気を一度に吹き出す。すなわち気の発揮そのものである。稽古の時もこのことを念頭に入れて行なって欲しい。

這 〈はい〉

　這は自分の体を防禦と攻撃の両面で安定させるための訓練である。中国には太極の哲学で「天・地・人」の思想があり、人間の行動の基本の思想として、そのまま太気拳でも使用されている。それによると、人間の体は図のように「天・地・人」に分けることができる。この中で最も大切なのは「人」である。従って相手が攻撃してきたとき、「人」の部分が守られればよいのである。しかし「人」を守るためには「地」である足腰を十分鍛練しておく必要がある。

　武術においては、「人」に入ってくる相手の攻撃だけを防禦すればよい。それだけで事は足りるのである。そのためには、自分がしっかりと守るべき「人」の領域を知っておくことが大切である。それは頭における思考ではなく、体や手が無意識のうちに「人」をわかっていなければならないし、手はあたかも昆虫の触角のように相手の攻撃を知り「人」を守る必要がある。

　這の稽古は「地と人」を鍛練するものであり「地」は足・腰の力の鍛練「人」は手・触角の鍛練である。この鍛練が十分なされず、バランスがとれていないと、必ずどこかに弱点が出てくる。例えば、顔面を攻められると腰が伸び切り、逃げるのに精一杯となる。また、腰が落ちず柔らかさのない「地」であると動きが鈍くなり、相手の攻撃に応じられなくなる。

　這は写真#2（26ページ）のように構え、腰をいつも定位置に保ち、見ている人がわからない程ゆっくり進むことが肝要である。最初5メートル位前進し、つぎに同じ歩幅で後退する。目は凝視せず、相手の全体の動きがわかるように、ぼんやりと見る。特に足の運び方は注意を要する。腰を安定させる為に歩幅を広くとったり、重心を後にとったりしては意味がない。腰は低く、そして、速く、左右、前後に動けるものでなくてはならない。あたかもコサック・ダンスを踊る人のように、ねばり腰で、方向自在な足が必要である。王薌斉先生は、水田の中で一時間以上も這の稽古をしたものである。蛇が首をもたげて、ゆっくり地面を這うように、できるだけゆっくり、蛇行しながら這うように稽古をする。

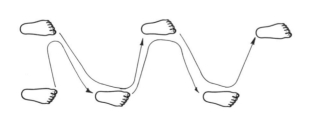

這の進む方向

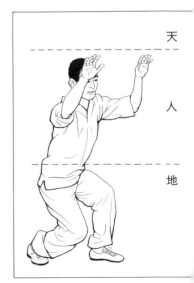

24

#2の正面

　自然体（♯1）から、腰を落とすとともに両手を上にあげ（♯2）、腰・腹の高さはそのままで、右足に体重をのせて1歩出る。(♯3－4)。そのまま体重を左足にのせ、腰・腹の高さを一定に保ち、静かに前進する（♯5－6）。このような運足で約5メートル位進む。目は3メートル位前をぼんやり見る。這の進む方向は24ページの図を参照。5メートルを20分かけて這うとよい。

　今度は同じ歩幅でゆっくりと後退し（♯11－19）、自然体で終わる（♯20）。なお、後退しながらも前に出る気分を忘れないようにする。

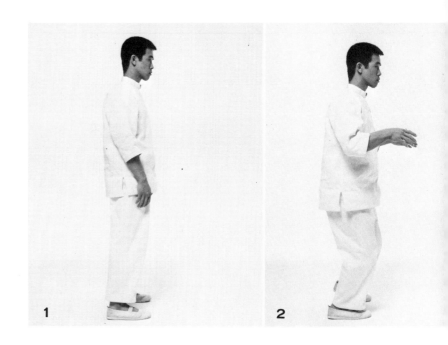

練〈ねり〉

　禅と這は体の内部の鍛練、および内家拳の気の養成である。これは太気拳の基本であるが、気が養成されただけでは、武術としての意味はない。何故なら、気は大なり小なり動物にもあるものであり、それが武術となるためには、気が相手の攻撃と接触したとき、無意識に発揮される爆発的な力として、外面に出てこなければならない。「練」とは、外的な肉体の鍛練であり、攻撃と防禦に対する稽古方法である。

　練の稽古は、粘土をこねるのと同じであり、上から、横からこねたり伸ばしたりして、人間の体をねばりのある粘土にしたてあげるのである。この場合、相手の攻撃をいかに防禦するかということを考えて練習するのではなく、ただひたすら粘土のように体をねりあげるのである。また、柔らかく強靱な体を作ることが目的であるので、体をねる稽古方法は個人によって違ってもよい。更に補足して言うと、体を縮めたり、大きくのばしたり、捻ったり、手が5分下がれば体が5分下るというように、手と腰が常に一致していなければならない。陶器をつくるのも、良い土でねるのが大切であるのと同様、この練も長年、無理なくねり上げれば、年をとっても常に独特の動きができるようになるものである。

　体をねる過程には「迎手・払手・差手・打拳」という4種類の稽古方法がある。最初はゆっくり、そして徐々にスピードをあげて練習する。「練」の完成度は、探手（156ページ参照）を見れば一目瞭然である。

3

4

5

6

基本運動 1

　自然体から（♯1）、腰を落し、両手で大きなボールを押すようにし（♯2－♯5）、つぎに引きつけるようにする（♯6－♯7）。大切なことは、手の動きと足の動きを画一化しないことである。例えば、右足が出たときに押し、左足が前に出たときに引くというようなものではいけない。何故ならば、足をどんな状態においても、バランスを崩さず相手の攻撃に対して自分の力が発揮できるように鍛練する必要があるからである。足の歩幅、および歩み方は「這」の項（26ページ）の図を参照すること。この動作においては、手や気分は揺と同じである。

7

8

基本運動 2

自然体から(♯1)、腰を落し、両手で右から左に大きな円を描くような感じで進む(♯2－♯6)。この動作を繰り返す(♯7－♯10)。後戻りするときは左から右に大きな円を描くような感じで後退する。最初はゆっくりと気分を整えて、次第に速く。手の廻しと足の運びは別々の動きになる。手の廻し方は左右どちらからでもよい。足の歩幅、および歩み方は、26ページの図を参照すること。

この手を廻す動きの中に、すべての防禦が含まれていると言ってもよい。腰が動けば手も同時に動き、手は熊が敵に出合うと立ちはだかるように、前方に向いており、手首はゆったりと、手のひらも自然に開き、腕は内側が前面に向いている。気分は熊が相手に向うような、相手をのみ込むような気迫が必要である。

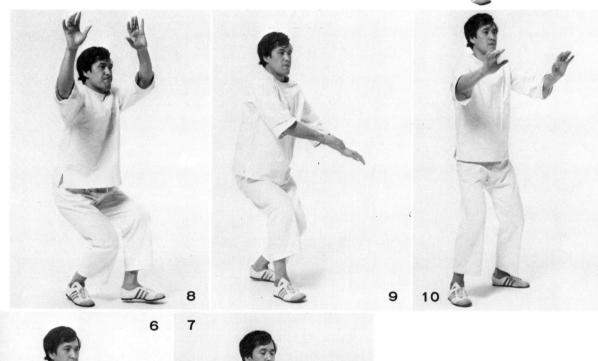

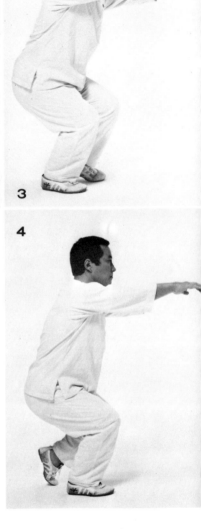

基本運動 3

　腰を落し両手を前に出した姿勢から（♯1）、右手を手前に引きつけると同時に左足から前に出て行く（♯2－♯4）。つづいて右手を押し出す。出し終ったら左手と同じ要領で引きつける（♯5－♯7）。進むときは前にあるものを刺すような気分で進む。

　これは、私の兄弟子の黄樹和の最も得意な形で、刺す時に気を入れて行うのである。組手の場合、常にこの構えで、相手に触れると一気に刺すのであり、首に刺す場合、指・関節で顔面を刺す場合と変化があり、実に恐しい兄弟子であった。

写真♯7の正面

写真♯6の正面

33

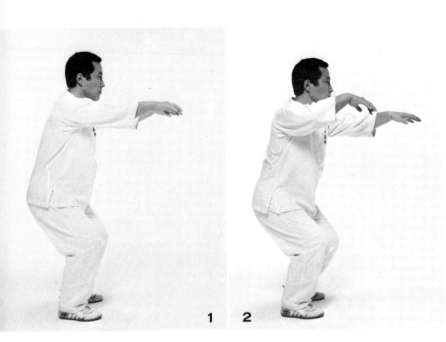

迎　手 〈むかえて〉

　迎手とは、相手が攻撃してきたときに、相手の攻撃を自分の体の中（防禦範囲の内）に迎え入れて防禦する手である。相手の攻撃をすかすのも迎手の一種であり、相手の攻撃の最大偉力をはずすところに、迎手独得の良さがある。前述した「基本運動3」と同じような動作であるが、手の引きつけ方、押し出し方が異なる。

　相手の攻撃のはずし方にも種々様々な手があるけれど、これはいわゆるフット・ワークで間合いを外したりするものではない。太気拳では、重心を上げて飛び跳ねるフット・ワークというものはない。あくまでも、相手の攻撃を腰を下げつつ、柔らかく誘導することである。しかも、気分は攻撃できる状態に充されていなければならない。古い中国の武術家がよく言う、虎が獲物を捕ってから、玩ぶのと似ている。獲物を自分の前において、自分からその周囲を動き、玩ぶ様である。ただ注意を要するのは、あまり攻撃に気をとられて玩ぶ余裕がないと、迎手が力任せの防禦となって、相手を十分に引き入れることができなくなり、却って相手の攻撃に調子を与えてしまう。相手の力をすかす、ということを習得されたい。

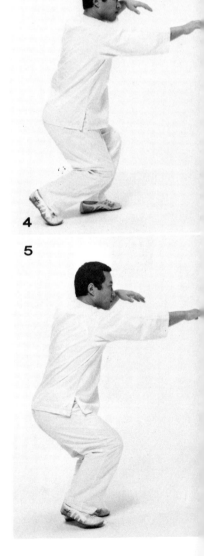

構えの姿勢から(♯1)、右手を耳の横に上げるように引き(♯2-♯3)、つづいて右足を引きつけながら右手を前に出し、左手を引きつける(♯4-♯5)。以上の動作を繰り返す(♯6-♯9)。

　この場合注意することは、手を押し出すときは手のひらで押し出すようにする。また、体の運び方、押し出し方をなめらかにし、腰から下は地面をゆっくり這うようにする。この稽古によって、手首が柔らかくなり、相手が攻撃してきた拳を自分の手の甲に乗せて受け流し、反対の手で相手を打つことができる。

〈応用〉拳を迎手で受け止める

自然体から腰を落し（♯1）、左手首を目の上まで上げ、右手は下げる（♯2）。半歩前進しながら、右手が上がると同時に左手は手のひらで下を押えるようにして下げる（♯3－♯4）。以上の動作を繰り返す（♯5－♯6）。
　これも手首をやわらかくする稽古であり、相手が拳で攻撃してきたとき、手首で相手の拳を跳ね上げて流す。写真のように中腰で行うので、足、腰の鍛練になる。また、迎手のなかの技ではあるが、基本運動に近いものである。

自然体から（♯1）、相手が拳で顔面を攻撃してくるのを想定して、その拳を手のひらで撫でるように自分の中心から外し、前進しながら左右、交互に体を練る。この場合の足・腰の運び方は「這」と同じである。相手の拳を左手で引き入れることを想定して練習する場合、右手は添手になり、すぐ攻撃に入ることになる（♯2－♯7）。

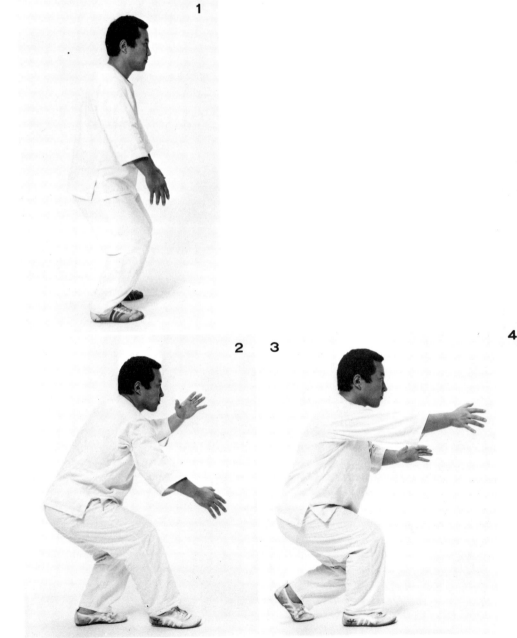

5 6

〈応用〉

　注意することは、相手が攻撃してきたとき、無理に相手の中に入らぬようにする。相手が深く攻撃してきたときはそのまま相手の中に入るが、攻撃が浅く、まだ相手の体に十分力が残っているときは、無理して相手の中に入ってはいけない。

　迎手で相手の拳を迎えるときは、相手の拳を跳ねて払うのではなく、撫でるような感じで、相手が打ってきた拳の勢いに任せて流すようにする。添手はしっかり自分の前に置いておかなければならない。これは、フット・ワークで横にステップして入る、いわゆる入身というものではない。そのようにステップして相手の内に入るのには無理がある。実力差がある場合は別として、熟練者同士の立合いでは、ステップして入れるとは限らない。迎手は、相手が深く攻撃してきた場合に、より有効に発揮されるのである。

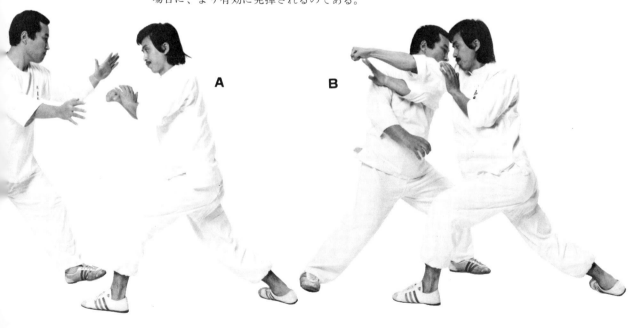

A B

自然体から（♯1）、両手を上げ（♯2）、左手を右手よりやや下げて、右手を添えながら構えると同時に腰を落す（♯3－♯5）。左右の手を入れかえて、同じ動作を繰り返す（♯6－♯8）。これも相手の突きや蹴りを上から迎え入れて防禦する基本的な技で、実戦でも最も使いやすい技である。

写真♯3の側面

写真♯5の側面

練習のとき注意することは、腰を落したり伸ばしたりするときになめらかに柔らかく動くことである。また、写真Aのような相手の攻撃を想定して、腕の内側を使うことを頭に入れて練習する。

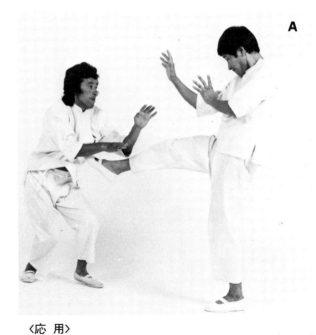

〈応 用〉
相手が前蹴りで攻撃してきた場合、蹴りを迎え入れて、下に押しながら相手の中に入っていく。

自然体からゆっくりと両手を上げ（♯1－♯2）、左手は手の外側を前に出し、右手は添手にして腰を落す（♯3－♯5）。左右の手を入れ替えて同じ動作を繰り返す(♯6－♯8)。

これは写真Bのように相手が攻撃してきたと想定したもので、腕の外側で相手が攻撃してきた拳を迎え入れながら引き込み、防禦すると同時に腰が下がって、相手を攻撃する姿勢を作っているのである。

このとき注意することは、一方の手が受け手となって相手の攻撃を受けているとき、必ずもう一方の手が添手となっているということである。

〈腕の動き〉

相手の拳を腕の内側で受けて矢印の方向に手をかえしつつ、腕の外側で引き込む。このとき、腰も同時に引かなければならない。

〈応用〉

　右手で、相手が突いてきた左拳を引き込み、腰を下げつつ防禦する。左手は常に添手となり、写真♯3の段階ではすでに攻撃できるようになっている。

　相手の拳を引き込むときは、相手の体が十分流れるまで引き込むことが大切である。そうすることにより相手の拳は、ふところの中に深く入り過ぎて次の攻撃に移ることができなくなる。

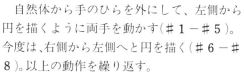

〈応用〉まわし蹴りの防禦

〈応用〉フックの防禦

　自然体から手のひらを外にして、左側から円を描くように両手を動かす（♯1－♯5）。今度は、右側から左側へと円を描く（♯6－♯8）。以上の動作を繰り返す。

　この練習は、相手の横からの攻撃を腕の内側で迎え入れて防禦するためで、廻ってくる相手の手や足の攻撃に対して、写真A、Bのように応用できる。また、手や足の攻撃を受ける場合、首が自分の体の中に入り、腰と手は柔らかく、顔が逃げないようにする。体や手を固くして、あるいは逃げながら受けると、自分が攻撃できなくなり、相手の攻撃の力を同じ力で防禦する結果になる。

1

2

A

〈応用〉
まわし蹴りの防禦

右手は相手の正面からの攻撃を防禦するつもりで構え、左手は左顔面を防禦するつもりで、手のひらを内側に向けて、頭の横まで上げる（♯1－♯3）。左手で正面を、右手で右顔面を防禦するつもりで構える（♯4－♯5）。

　これは写真Aのように、相手のまわし蹴りなどの横からの攻撃を防禦する方法であり、相手の攻撃を受け止めたとき、腰が十分下がるように注意する。この技は前ページと内容的には似ているが、急いで受ける時に使う技である。

〈応用〉
相手が突いてくる拳を受け流し、相手の拳が戻るまえに十分腰を落して、自分の体で相手を押し崩す。

　自然体から（♯1）、相手が拳で突いてくることを想定し、右足を1歩前に出し、右手と体をひねりながら、上段で受けるつもりで頭の上まで右手を持っていく（♯2－♯4）。このとき左手は添手であり、また、相手の体を写真Bのように押し崩す役目もする。以下、同じ動作を左右を逆にして行う（♯6－♯9）。

〈応用 A〉
　相手が突いてくる拳を右手で払い、相手の体の中に入り、体勢を崩す。

〈応用 B〉
　相手の前蹴りを右手で払い、中に入る。

　自然体から（♯1）、手を大きく広げ、左足を1歩前に出し（♯2）、相手が拳で突いてくることを想定し、左に体ごとひねりながら、左手で相手の拳を巻き込むような感じで外側にそらす（♯3－♯4）。以下左右の動作を逆にしておこなう（♯5－♯7）。
　このとき、腰は後に引くのではなく、下に落すこと。

〈応用〉
　相手が蹴ってきた足を左手で引っかけてそのまま持ち上げて倒す。また、引っ張って倒すこともできる。相手が深く入ってきた時は、前に押し倒し、足首を取った時は、後方に引っ張る。これはあくまでも、自分の手が無意識に判断するのであって、無理に自分の意図で技を決めようとすると、相手の攻撃をまともに受けることになる。

　自然体から（♯1）、右足を1歩前に出し（♯2）、腰を落し半身になりながら、相手が蹴りで攻撃してきたことを想定し、右手で相手の蹴ってきた足をすくい上げて引っ張るような格好で手を上へ持っていく（♯3－♯6）。左右を入れ替えて同じ動作を繰り返す（♯7－♯11）。

　この技は相手の蹴りをすくう技であるが、手のひらと孤拳でいきなり挟もうとせず、まず始めに手のひらで相手の蹴った足にふれ、次に弧拳で下からすくい上げるようにするのがよい。

右足を出すと同時に腰を下げ、両弧拳を上に跳ね上げる（♯1－♯2）。これを一挙動で行う。左足を出すと同時に同じ動作をする（♯3－♯4）。以上の動作を繰り返す。

　これは写真Aのように相手がつかみにきたとき、その手を弧拳ではね上げて、攻撃に移るときに使用する。要点は十分腰を落し、落すと同時にその反動で相手がつかんでいる手を一気にはね上げることである。

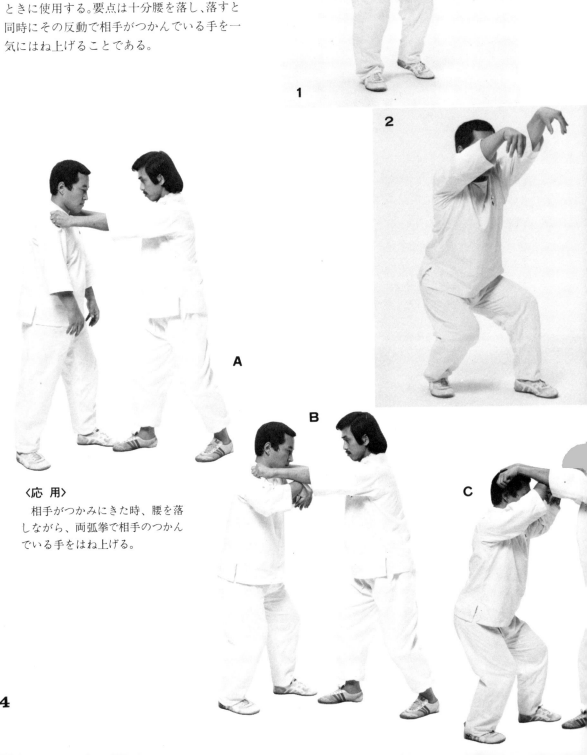

〈応　用〉
　相手がつかみにきた時、腰を落しながら、両弧拳で相手のつかんでいる手をはね上げる。

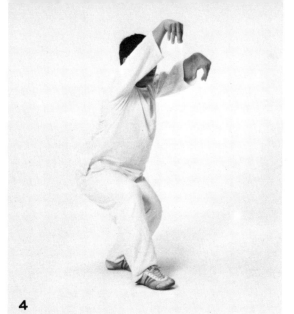

〈応 用〉
　相手が突いてきた拳を右弧拳で跳ね上げて受ける。左手は添手となり自分を守る。

　両手を自然な格好で上げ（♯1）、相手が拳で正面より攻撃してきたことを想定し、その拳を手の甲にのせて中心から外へと誘導し、相手を迎え入れるつもりで練習する（♯2－♯3）。この技は相手の拳が深く入ってきた時に拳を流し、バランスを崩させて自分の攻撃範囲内に迎え入れる技である。

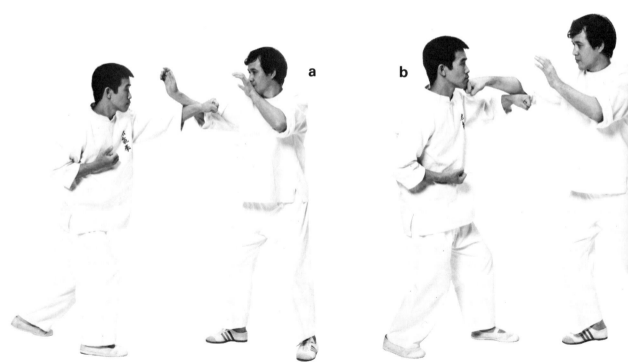

〈迎手による上からの誘導〉
　相手が左手で顔面を打ってきたとき（♯a）、右手の内側でその拳を押えるようにして迎え、相手の左手を殺し、そのまま右手で顔面を打つ（♯b）。注意することは、防禦から攻撃に移る動作を最少限度にすることである。

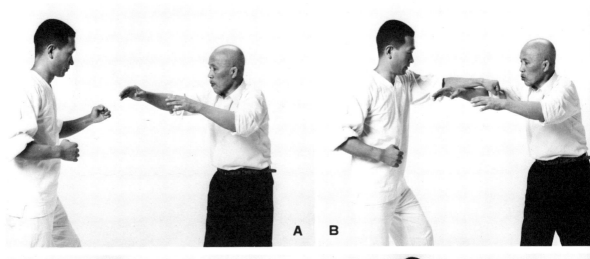

〈迎手から打拳への連環拳〉

　この技は相手が正面から拳で攻撃してきたときの下からの誘導であり（♯A－♯C）、相手の拳が流れるまで誘導し（♯D－♯E）、迎え入れたその手で一気に相手の顎に攻撃を加える（♯F）。右手で相手の拳を防禦し誘導しているとき、左手は添手になっていることが大切である。

払　手 〈はらいて〉

　払手とは相手の攻撃を自分の体の内側から払って防禦する方法であり、自分の体をひねり、腰を利用して、最少限度の動きで相手の攻撃を払うものである。特に注意することは、必要以上に強く払ったり、大きく払ったりしないことと、相手の拳を払うとき常に相手の中に入る気持で、腰を落すことである。

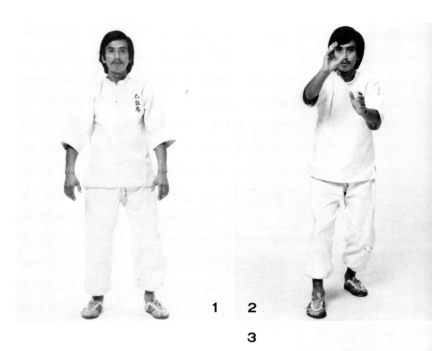

　自然体から（♯1）、右足を半歩前に出した体勢で構え（♯2）、相手が拳で中段についてくることを想定し、その拳を左手でまき込みながら払うつもりで練習する（♯3－♯4）。右手は添手になり、また、相手のバランスを崩す攻撃の手ともなる。足は同じ状態で、手だけ左右を変えて同じ動作を繰り返す（♯5－♯6）。慣れたら運足を付けた方がよい。進み方は「這」(26ページ参照)と同じである。

〈応用〉
　相手が拳で突いてきたとき、右手で払いながら左手で相手の脇の下を押して崩す。

　自然体から（♯1）、相手が拳で突いてきたことを想定し、右足を前方に踏み込み、相手の拳を横に払うつもりで、体を捻りながら、右手を下から斜め上に持って行く（♯2－♯4）。次に左足を前に出し、左手で同じ動作を行う（♯6－♯8）。

　そのとき、片手は添手になっていることに注意する。また、後足が常に前に出られるように心掛けておくことが大切である。そうすれば、相手の拳を払ったとき、体の重心は前にかかり、体が後に押されることはない。この技も慣れたら運足を付ける。

〈応用〉

差　手 〈さして〉

　迎手・払手・差手・打拳で構成されている練(ねり)のうちで、最も難しいといわれるのが差手である。この差手は、形意拳・大成拳・太気拳の技の神髄といっても過言ではないだろう。相手が攻撃してきたとき、同時に自分も出て、防禦すると同時に攻撃もするのである。これは、相手の隙を見て入るのではなく、相手が攻撃してきた瞬間、常に大胆に強く、そして速く入り、しかも自分の体の防禦もできていなければならない。また、一方の手は必ず、迎手、払手、打拳の動作の場合と同様で添手となっている。

　このように差手を修得することは非常に難しいことである。武術を学び、ある程度の稽古を積んだ者には理解できるのであるが、相手が攻撃してきたとき、中に入ることは容易でなく、どうすれば中に入れるかが一番の問題となる。一瞬の間であるし、また、相手が強力な技を持っていれば、どうしてもそこに不安が伴う。そして、この不安は同じ稽古を何年積んでも同じことなのである。その不安を取り除き、一気に無意識のうちに相手の中に入れるようになるには「立禅・這」の稽古によるしかないのである。

　立禅・這の激しい稽古により、気が充実してくると、相手のどんな攻撃に対しても、たやすく相手の中に入れるようになる。差手のときも、意識的に中に入ろうとあせっていたのが、不思議なくらい思いどうりに相手の中に入っていけることになる。それは、決して頭で考えたのではなく、無意識のうちに、しかも自然に瞬間のうちに体が動くのである。

　相手の動きに瞬間的に反応して動くためには、目はあまり一点を凝視しないことである。中国拳法では、古来から目はあまり当てにならないものとされている。相手を凝視しすぎると、ちょっとした牽制に惑わされる。目は相手全体をぼんやりと見るような感じで、相手の体全体の動きをとらえる必要がある。

1　　　　　2　　　　　3

A

〈応用〉
　相手の中段攻撃を上から押える。
左手は添手になっている。

7

　自然体から（♯1）、相手が拳で攻撃してきたと想定し、左手を右手の内側に添えて、前に出ながら一気に相手の拳を上から押えて殺し、そのまま攻撃に移る（♯2－♯6）。以上の動作を左右を逆にして繰り返す（♯7）。

　この技を練習するときに注意することは、手を交差させるとき、胸の前で交叉させることが大切である。また、写真Aのように相手が攻撃してきたとき、相手の拳を受けるという気持ではなく、前に出て攻撃する気分を持つことが大切である。

4

5

6

この技は相手の攻撃を一気に止め、そのまま攻撃に入る差手である。
　自然体から（♯1）、相手が攻撃してきたことを想定して、左足を前に出すと同時に左手に右手を添えて、左腕を外側にして顔の前まで上げる（♯2－♯3）。以上の動作を左右を入れ替えて繰り返す（♯4－♯5）。
　これは、写真Aのように相手の拳の攻撃を腕の外側で一気に受け、そのまま首をちぢめ、腰を沈めて攻撃に移る技である。添手は特に大切であり注意を要する。なぜならば、右手は相手の攻撃を止めているから、攻撃は左の添手ですることになるからである。
　この攻撃は、相手が浅く入ってきた場合は、無理に相手の手を取って攻撃せずに、深く入ってきたときのみ左手で相手の手を落しながら、相手の中に入り攻撃する。

1

A

〈応　用〉
正拳を差手で受けたところ

2 3

4

5

自然体から（♯1）、相手が拳で突いてくることを想定し、右足を半歩前に出すと同時に、相手の拳を右腕の外側で受けつつ攻撃するつもりで上にあげる（♯2－♯3）。
このとき左手は顔面を守り、添手となり相手の中に思い切って自分の体を入れることが大切である。

〈応用〉 相手が攻撃してきた右正拳を右手でかわし、そのまま相手の体に入りつつ、右手で相手の拳を落し、左手で相手の顔面を攻撃する。

相手の拳を受けた右手と左の添手を交差させながら（♯4）、右手は相手の拳を押えるつもりで下に押し、左手は相手の顔面を手のひらで攻撃する（♯5）。以上の動作を左右を入れ替えて繰り返す（♯6－♯10）。

1

2　3

　相手が正拳で攻撃してきたことを想定し、相手の拳を右手の弧拳で受け流すつもりで上げ（♯1－♯3）、そのまま腰を沈めて相手の体の中に入るつもりで前進する。以上の動作を左右を入れ替えて繰り返す（♯4－♯6）。
　この場合、相手の拳を下から跳ね上げるというより写真A、Bのようにすり上げるようにすることが大切である。この動作は一気に、一挙動でやること。

〈応用〉
　相手も思い切り攻撃してくるのであるから、右手で相手の攻撃を差す場合、左手は必ず添手にすることが大切である。

　相手が前蹴りできたときの対抗技である。自然体から(♯1)、右手を斜め下に出し、腰を落して体を軽くひねるような感じで相手の前蹴りを受ける(♯2－♯3)。この場合左手は添手となる。以上の動作を左右を入れ替えて繰り返す(♯4－♯5)。

〈応用 A〉
　相手が蹴ってきた場合、思いきって右手をねじ込んで中に入る。

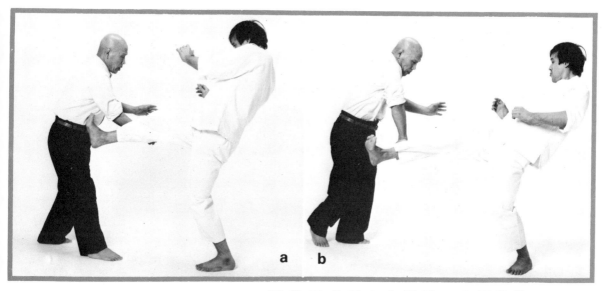

〈応用B〉差手から迎手への連携技

最初に差手で受け、その後迎手へと連携する高等技である。まず差手を右手の外側で行い、そのまま手を返して手の内側で写真bのように相手の足を取り迎手に変化する。

〈応用〉
相手がまわし蹴りに
くるところを飛び込む

A

B
両手で受ける

C
そのまま足を上にあ
げ、ひっくり返す

　自然体から、相手がまわし蹴りで攻撃してきた場合を想定して、左手を写真2－4のようにひねりながら一気に前に出る。
　相手のまわし蹴りを受けたことを想定し、柔道の背負投げをかけるような感じで一気に持ち上げる（♯4－♯5）。この場合、右手が添手になっていることに注意する。以上の動作を左右の手を入れ替えて繰り返す（♯6－♯8）。このとき注意することは、前に出るとき、相手の懐に飛び込むつもりで、思い切り出ることである。

　相手が顔面を拳で突いて攻撃してくる場合を想定し、突いてくる拳を左手の内側で軽くはじくような感じで受ける（♯1－♯2）。つぎに突いてきた拳を右手の内側で同じように受ける（♯3）。以上のことを繰り返す（♯4－♯6）。

　受ける方の手は横にはじくのではなく、斜め前にはじく。そして、一方の手は常に添手になっていることが大切である。相手の反撃を自分の近くで受ければ受けるほど攻撃はしやすくなるので、相手の拳が顔に当るぎりぎりのところで受けるように稽古をする。これは、構えから小さな動きで相手の拳を殺し、すぐ元にもどれる技であり、手と体の柔軟性が要求される。

〈応用〉
　相手が左拳で突いてきたところを右手で受け、さらに右手で突いてきたところを左手で受ける。

打　拳 〈だけん〉

相手に攻撃を加える手（技）をすべて打拳と呼ぶ。

四方突き

左右前後から4人に囲まれた状態で突き出す拳の基本練習である。写真1のように構えて立ち、左側にいる相手の顔面を打つつもりで右正拳で打つ（♯2）。

　右側にいる相手のあごを鉄槌で打ち（♯3－♯4）、後方にいる相手の腹を肘で打つ（♯5－♯6）。前方にいる相手を打つつもりで右拳を放つ（♯7）。以上の動作を左右を入れ替えて繰り返す（♯8－♯13）。

中段突き

　自然体から（♯1）、相手が拳で攻撃してくることを想定し、その拳を左手で受けて流し、右拳で攻撃する（♯2－♯3）。
　以上の動作を左右を入れ替えて繰り返す（♯4－♯6）。

上段突き

　中段突きと同じ要領で行うが、上段突きの場合、基本的には相手の蹴りや拳を下に押えながら、自分の拳で攻撃する。

　立ったままの姿勢で、腰を入れて、相手の顔面を打つつもりで右手をすり上げる（♯1－♯2）。このとき左手は添手になり、受け手にもなっている。以上の動作を左右を入れ替えて繰り返す（♯3－♯4）。

〈応用〉
　相手が攻撃してきた拳を左手で押え、内に迎え入れると同時に右手をすり上げ、顔面を攻撃する。この場合、受けと攻撃を同時に行う。

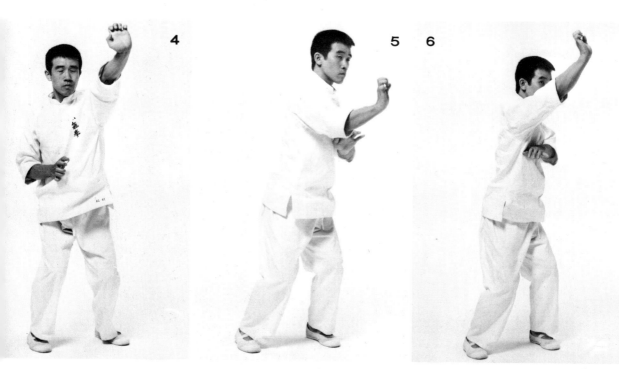

右足を出すと同時に、相手の顔面を打つつもりで左の拳で突く（♯1－♯3）。このとき、腰を落し、下から上へと思い切って突き上げると共に必ず右手は防禦の体勢をとる。左足を出すと同時に、右拳で突く（♯4－♯6）。このとき、左手が防禦となる。以上の動作を繰り返す。この練習は最初ゆっくり、そして次第に早めていくようにする。この打拳は、相撲の立ち合いでのぶちかましに似ている。

〈応用〉

1

相手が拳で突いてくることを想定し、写真♯1の構えから1歩前に出て、左手で相手の拳を迎えながら防禦し、右手フックを決める(♯2-♯4)。相手が突いてくる拳を1歩後退して右手で迎えて防禦しつつ、左フックをきめる(♯5-♯8)。

2

3　4

〈応用〉

85

1　2　3

1　2

　この技は、馬が暴れるとき前足を上げ、打ちおろす格好に似ていることから、馬手とも呼ばれている。

写真1の構えから、右手を右上へ持って行き（♯2）、体を45度開きながら相手の左こめかみあたりを打ち（♯3）、手を返して（♯4）、写真♯1に戻る。このとき、左手は添手になり相手の攻撃の防禦となっていることに注意。

右手は力を入れずに半ばこぶしのまま上げ（♯1）、相手の心臓めがけて打ちおろす（♯2－♯4）。

　自然体から（♯1）、写真Bのように相手が攻撃してきたとき、左手で相手の拳を防禦し、右手を振りかぶり（♯2－♯3）、相手を手刀で攻撃する（♯4－♯5）。
　このとき大切なことは、防禦から攻撃まで一貫して一気に行うこと。さらに相手を手刀で攻撃するとき、写真4のように体を半転させ反動を利用することである。この技に限らず、技はすべて攻撃も防禦も腰を中心に体全体で行わなければならない。

〈迎手と打拳の応用〉
相手が拳で中段を攻撃してきたとき、左手で防禦し、相手を自分の中に迎え入れながら手刀で攻撃を加える。

稽古方法

　ここで、「禅・這・練」によって鍛えた技を実戦を想定して稽古する。稽古のときは、常に体が自然で柔軟な動きをするように心がけ、最初はできるだけゆっくりした動きで無駄のない防禦と攻撃を会得するように訓練すること。防禦の場合、できるだけ自分の体すれすれで相手の攻撃をかわすのがよく、この防禦の仕方もここで十分稽古すること。また、ここで「練」の稽古が十分であったかどうかが確認できる。すなわち、手の位置、足の位置はこれでよいか、あるいは腰が泳いでいないか、体が堅くなっていないか、顔が逃げていないかといった具合にあらゆる角度から見る必要がある。

　稽古方法には、一人で稽古する場合、二人の場合、それに、相手が竹刀や棒あるいは袋竹刀を使用する場合がある。道具を使用して稽古する場合は、ある程度慣れてうまくなったら、竹刀等で本気で打ち込んで相手に当てるぐらいでなければならない。この段階ではお互に実戦を想定した場合の稽古であるから、出来るだけ速く、しかも一本一本休むのではなく、長時間稽古を続けることが大切である。また、竹刀を使用した稽古の場合、相手が剣道の経験者であることが望ましい。

1

7

基本練習 1

　互いに手のひらを密着させ、左右に円形を描きながら前方、あるいは後方に進む。この稽古方法は、足の動きと関係なく手を動かすことが大切であり、自分の防禦の範囲を知るための練習である。また、相手が押してきたときにバランスを崩さない体を作るためでもある。

基本練習 3

　この練習は腰の鍛練と、相手の手のさばきの稽古である。写真♯1のように手を交差させ、一方が上から相手の手を強く下に押え、他方はその手を返しながら持ち上げて（♯2－♯3）、右側に返して押える（♯4－♯6）。

　この場合、力の強い人に押えられると大抵の人は持ち上げることができない。それは、腕の力だけで持ち上げようとするからであり、腰の力を利用して体全体で持ち上げるようにすれば、意外に持ち上がるものである。

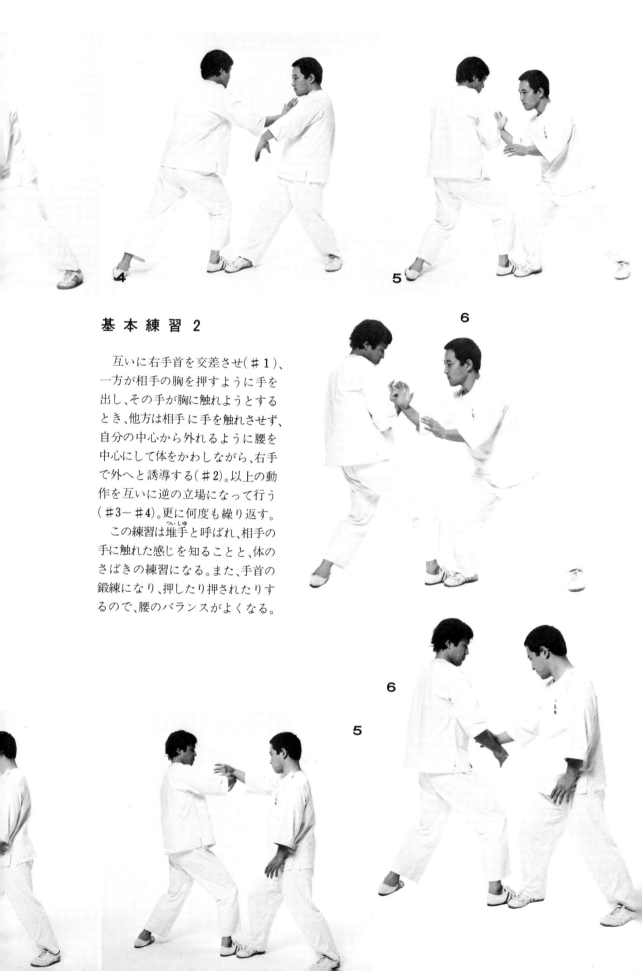

基本練習 2

互いに右手首を交差させ(♯1)、一方が相手の胸を押すように手を出し、その手が胸に触れようとするとき、他方は相手に手を触れさせず、自分の中心から外れるように腰を中心にして体をかわしながら、右手で外へと誘導する(♯2)。以上の動作を互いに逆の立場になって行う(♯3－♯4)。更に何度も繰り返す。

この練習は堆手(ついしゅ)と呼ばれ、相手の手に触れた感じを知ることと、体のさばきの練習になる。また、手首の鍛練になり、押したり押されたりするので、腰のバランスがよくなる。

基本練習 4

　右足を1歩前に出し(♯1)、右手を左下から半円を描くようにして、右上へ持っていく(♯2－♯3)。左手は必ず添手にする。右手で円を描くようにするとき、象の鼻が動くときのように波打つことが大切である。

1

2

左と同じことを相手とともに行う。互いに右足を1歩出し(♯1)、右手の外側を打ちつけ合う(♯2)。同じ動作を繰り返す(♯3－♯4)。この練習を繰り返すことにより腕が強くなる。

3

4

基本練習 5

互に自然体から（♯1）、右足を1歩前に出し、腕の外側を打ちつけ合う（♯2－♯3）。同じ動作を繰り返す（♯4－♯7）。このとき、禅・這・練で鍛えた足腰が十分活用されることになる。打ちつけ合うときに、腰を十分落すことが大切である。

この練習をすることにより、腕の力、足腰の力が強固なものとなる。また、実戦のときは、相手の力の度合により、弱ければ押し崩し、強ければ引く、といった具合にいろいろな変化技へと移行する。

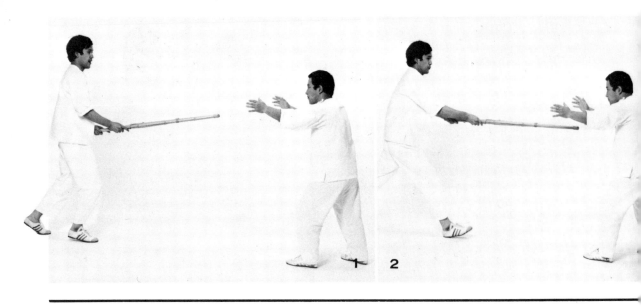

相手が竹刀で攻撃しようとするとき、1歩相手の方に出るようにして誘い（♯1）、相手が攻撃してきたところを、左足だけステップバックして竹刀を左手で防禦する（♯2－♯3）。

このとき注意することは、写真♯3であまり後方に腰を引きすぎずに、腰を下げながら移動すること。それに、左手は迎手、右手は添手として常に前に出ていることである。

竹刀による稽古 A

　この稽古では、常に体を柔らかくし、自分の体を崩さないことが大切である。つまり、竹刀に気を取られず、竹刀を受けるときの手の位置、腰の下げ方に注意して、無理なく軽くよけることである。

　相手が竹刀で突いて入ってくるとき（♯1－♯2）、腹部に当る直前に腰を引きながら、腰を柔らかく後方に移動する（♯3）。

　これは相手の竹刀をすかす稽古であり、腰の移動のタイミングを特に注意する必要がある。また、体はあまり後方に引かず、手の位置は崩さず、常に前に出る気持を忘れぬようにする。

　相手が竹刀で突いてきたとき（♯1）、竹刀を内側から左手で払って防禦する（♯2－♯3）。

　このとき左手は払手になって竹刀の動きにつれて動くが、右手は同じ構えのままで、左右の手の動きが完全に分離していることに注意する。また、写真♯2では、そのまま相手の中に入って攻撃に出る体勢になっている。

100

棒による稽古

　相手が棒を構え(♯1)、顔面を攻撃してきたとき、体を右にひねって右手で棒の先端を、上から下へ手をかぶせるようにして受けて防禦する(♯2)。以上の動作を左右を入れ替えて繰り返す(♯3－♯4)。注意することは、棒の先端に気を取られないことと、できるだけ相手の棒が自分の顔に当る、すれすれのところで防禦することである。最初は腰を落さず立ったままで、手を主体にしてとらえる練習を何度もする。それから次第に実戦を想定して構えから受けに入る。

相手が棒で中段を攻撃してきたとき(♯1)、左手で受け流して相手の中に入る(♯2－♯3)。棒を受け流すときに思い切って前に出ることが大切である。

棒で顔面を突いてきたとき、左の手のひらで攻撃を横にそらし（♯1－♯2）、棒添いに相手の中に入る（♯3）。

注意することは、相手の棒を顔面すれすれで受けることと、前に出るとき腰を落し前傾姿勢になることである。

竹刀による稽古Ｂ

相手が竹刀を上段に構え（♯1）、頭上に打ちおろしてきたとき、一気に前に出て右手で受け流す（♯2－♯3）。右手だけで相手の竹刀を受けようとすると体が崩れるので、体全体で受ける気で行うことが大切である。体を伸ばしたり、縮めたりして、自分の体を徹底していじめて練り上げる必要がある。竹刀で攻撃するものも、本気で打ち込まなければ無意味である。

竹刀と手の交差している部分

相手が攻撃してきたとき一気に踏み込み（♯A）、竹刀に手をかけて引き込む（♯B）。これは差手の応用で高等技である。写真Aで左手が添手になっていることに特に注意すること。

腕の外側で受け流す

打ち込む時の気迫

105

袋竹刀で左顔面を攻撃してきたとき（♯A）、体を右にひねりながら手のひらで受ける（♯B－♯C）。このとき腰を十分落すよう注意する。

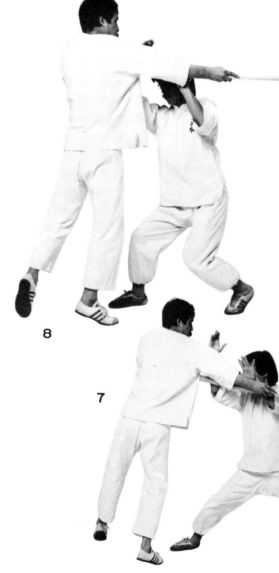

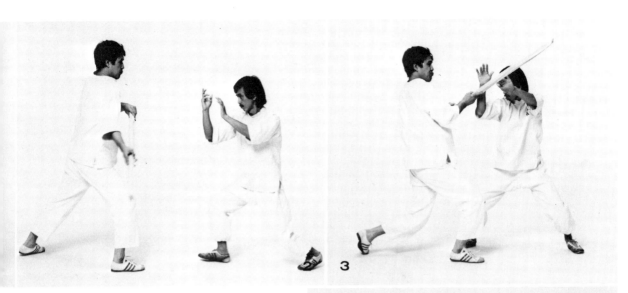

袋竹刀による稽古

袋竹刀は竹刀に布切れを巻き、その上から袋をかぶせたもので、怪我の予防になり、竹刀のように握る場所が決っていないので自由な攻撃ができる。

相手が下から左顔面へ攻撃してきたとき(♯1－♯2)、手のひらで受けつつ相手の中に入る(♯3)。更に相手が左顔面へ攻撃してきたとき(♯5)、思い切って相手の中に入って攻撃する(♯6－♯8)。相手の中にうまく入れるようになるまで、何回も同じ練習を繰り返す。

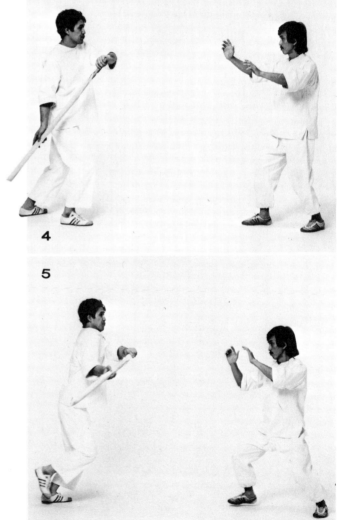

袋竹刀による連続攻撃の防禦

互いに構えて立ち(♯1)、袋竹刀で下から攻撃してきたとき(♯2)、迎手で防禦する(♯3)。つぎにその袋竹刀を右に回して左顔面を攻撃してきたとき、再び迎手で防禦し(♯4)、袋竹刀がはじかれて下がったときに攻撃する(♯5－♯6)。

この場合注意することは、袋竹刀で攻撃する方は、上・下・横と速く攻撃してやることである。また、防禦する側は、袋竹刀のスピードに押し込まれないようにし、常に相手の攻撃を防いだ手のもう一方の手は添手になっていることに注意する。この稽古方法は他に類を見ない非常に実戦的なもので、常に実戦を想定して相手に隙があればいつでも飛び込む心がけで行く。

更に、相手が左顔面を攻撃してきたのを、左手で防禦する(♯7−♯8)。つぎに腹を突いてきたのを左手で差す(♯9)。相手が袋竹刀をそのまま回して左顔面へ攻撃してくるのを迎手で防ぎ(♯10−♯11)、最後に右顔面へ打ってきた袋竹刀を迎手で防禦する(♯12−♯13)。

組　手 〈くみて〉

　今まで行ってきた「禅・這・練」の練習の成果を、相手との立合において実戦で学ぶのが組手である。この組手の練習において注意することは、相手の隙をついて、いかに攻撃するかということではなく、相手に手が触れたとき瞬間的に、しかも無意識のうちにいかに自分の身体をさばくかを心がけることである。それに後退するときも、相手に押されて腰くだけにならないようにする。さらに、目は相手の目を見るのではなく、相手の体全体の動きを見て、手を柔らかくして相手の攻撃に対処することが大切である。

　太気拳は禅・這・練と組手しかない。練にはいろんな防禦と攻撃がある。しかし、それはそういった方法もあるという一例にしか過ぎない。方法だけを学ぶのであれば、日本式の空手でいくらでも学べる。禅・這の稽古によって気が外に出てくるようになれば、どんな防禦や攻撃をしようと、それ自体が技になるのである。自分の動きは自分で創るしかなく、自分の体に合ったものを自分自身で見い出すのである。相手と交差した時に、いかに気が発揮されるか──それだけを目標に稽古されたい。そして、その気がいつ発揮できるようになるかは誰もわからず、ある日突然自分の体が知るようになる。その時、武術家として「我、ここに在り」と確信して言えるようになるのである。

　互いに向い合い、相手の左手首の上に右手首を添え、右手首の下に左手首を添えて腰を落し、左右いずれかの方向から円を描くようにして、前進・後退を繰り返す（♯1－♯5）。

次ページへ続く

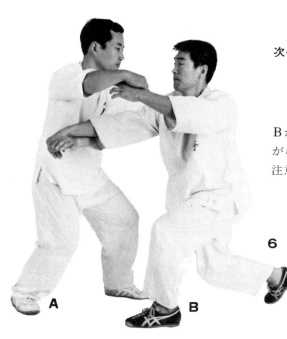

Bが中段に突いてくる拳を、Aは体を捻りながら迎える。この時Bは、次に来るAの拳に注意する（♯6）。

この方法は、相手と手を合わせた状態から手の感触、体の運びを練習する太気拳独特の練習方法である。手を交差している場合、軽く触れておくことであり、柔軟な腰と足の運びが大切である。自由に攻撃をしてもよいので、互いにどの角度からでも攻撃できる。相手の攻撃をうまく自分の手で誘導し、すばやく攻撃する。相手の腹部を打つ時は、スピードよりも打つ瞬間に気を入れる練習をするとよい。相手を打つことも重要であるが、むしろ手の感覚を養う稽古であることを念頭に入れて行う。

前ページより続く

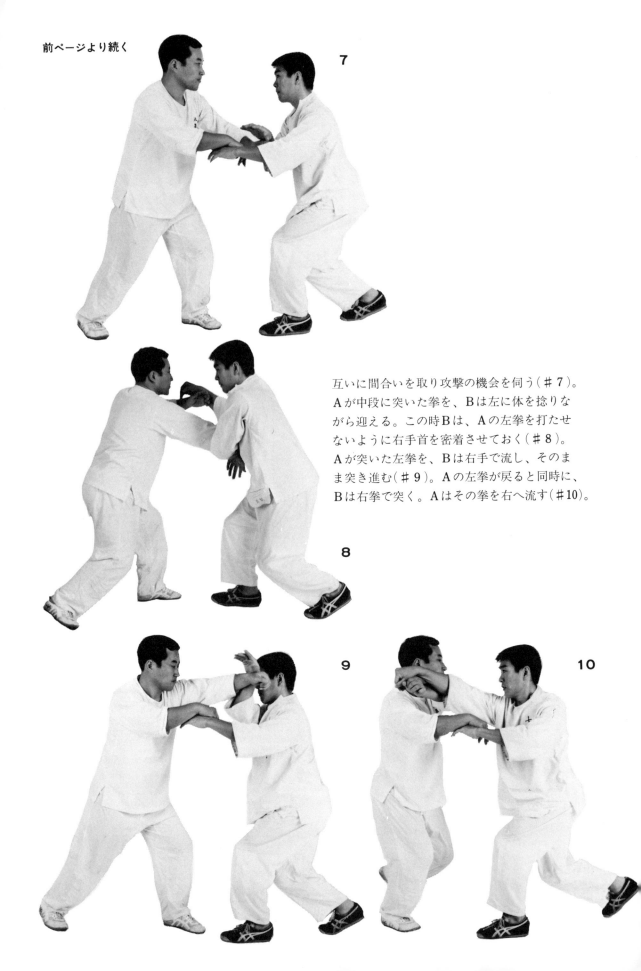

互いに間合いを取り攻撃の機会を伺う（♯7）。
Aが中段に突いた拳を、Bは左に体を捻りながら迎える。この時Bは、Aの左拳を打たせないように右手首を密着させておく（♯8）。
Aが突いた左拳を、Bは右手で流し、そのまま突き進む（♯9）。Aの左拳が戻ると同時に、Bは右拳で突く。Aはその拳を右へ流す（♯10）。

Bの突いた拳が戻ると同時に、Aは顔面に右手で攻撃する。Bはその攻撃を、体を沈めながら左手で差す(♯11)。Bの差した手を、Aは引っかけながら落し(♯12)、右拳で顔面を突く。Bは腰を沈めながら左に体を捻り、拳を流す(♯13)。互いに間合いを取り攻撃の機会を伺う(♯14)。

前ページより続く

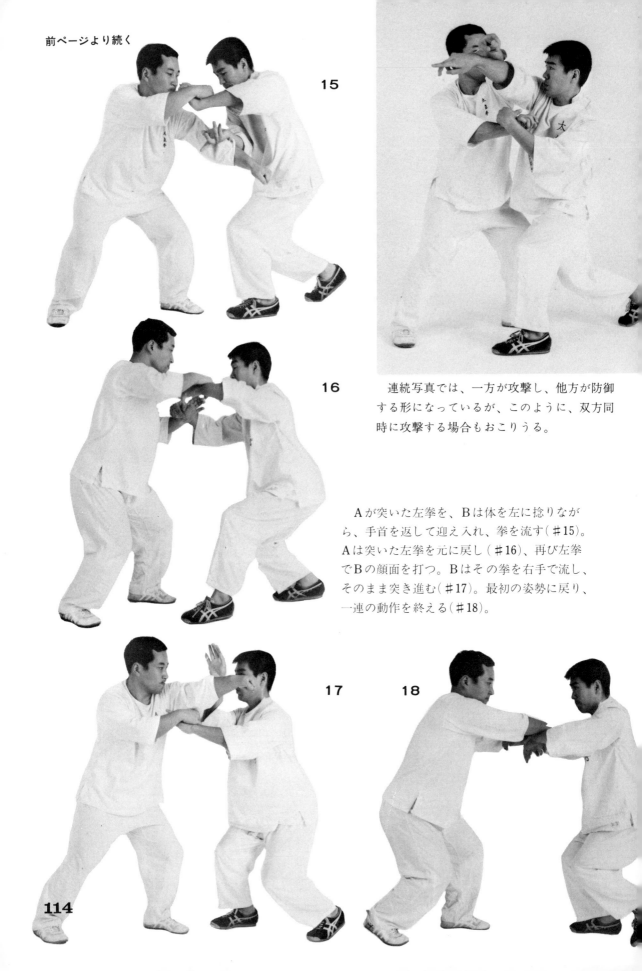

連続写真では、一方が攻撃し、他方が防御する形になっているが、このように、双方同時に攻撃する場合もおこりうる。

Aが突いた左拳を、Bは体を左に捻りながら、手首を返して迎え入れ、拳を流す(♯15)。Aは突いた左拳を元に戻し(♯16)、再び左拳でBの顔面を打つ。Bはその拳を右手で流し、そのまま突き進む(♯17)。最初の姿勢に戻り、一連の動作を終える(♯18)。

互いに構えて(♯1)、相手が思い切り前蹴りで蹴り込んできたとき(♯2)、相手の足を払い、そのまま打拳で相手の顔面を攻撃する(♯3)。迎手・40ページ、打拳・82ページ参照。

相手が右拳で左顔面を攻撃してきたとき(♯1)、その拳を腕の内側で受け流し(♯2－♯4)、そのまま前に出て相手の右腕を殺しながら体を押し崩す(♯5－♯6)。注意することは、一貫して左右の手の形を崩さないことである。

6

4

5

117

互いに構えた姿勢から(♯1)、相手が右正拳で攻撃してきたとき、その拳を差手で受け止めながら(♯2)、一気に押し込み相手の体を崩す(♯3-♯5)。差手・64ページ参照。

119

互いに構えて(♯1)、相手が突いてきた拳を左手で迎え入れ(♯2)、右手で相手の顔面を攻撃する(♯3－♯4)。

この場合、相手の拳がきたとき、決して体はそり身にならず、拳があたるすれすれの所で防ぐようにしなければならない。迎手・40ページ、打拳・80ページ参照。

互いに構えて(♯1)、相手が左拳で攻撃してきたとき、右腕の内側ではねて払い(♯2)、つづいて右拳で正面を攻撃してきたとき、右手で相手の拳を流し、左手を添えて押し崩す(♯3－♯5)。差手・74ページ、払手・58ページ参照。

　互いに構えた姿勢から(♯1)、相手が右拳で攻撃してきたとき(♯2)、体を左側に半転させながら、左手で払いつつ相手を迎え入れ(♯3－4♯)、相手の側面を押して体を崩す(♯5－♯6)。迎手・48ページ参照。

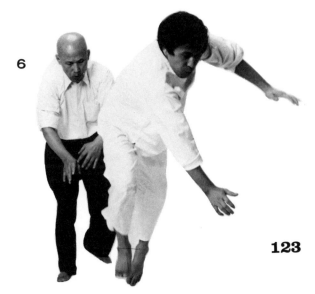

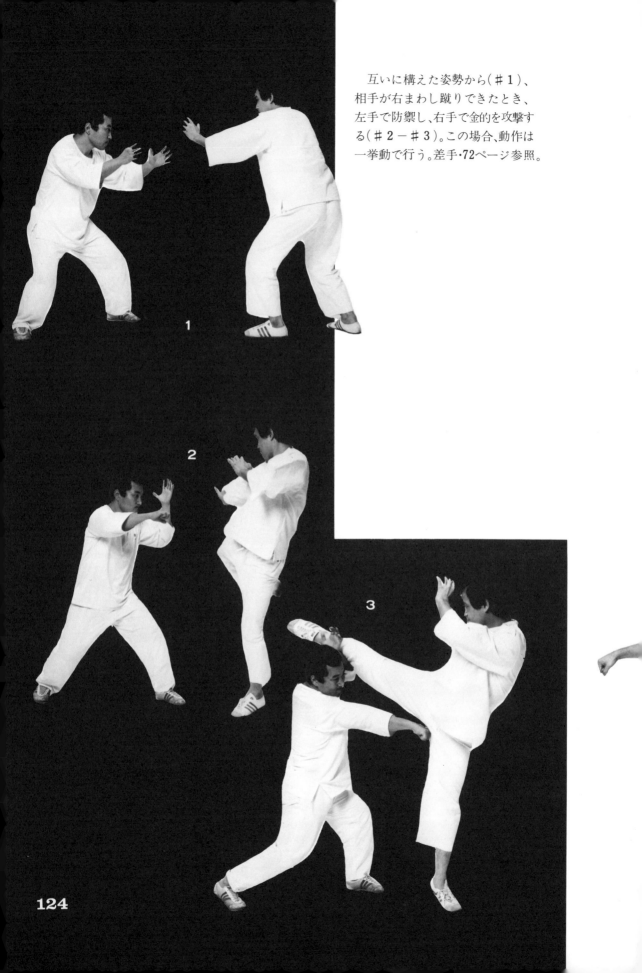

互いに構えた姿勢から（♯1）、相手が右まわし蹴りできたとき、左手で防禦し、右手で金的を攻撃する（♯2－♯3）。この場合、動作は一挙動で行う。差手・72ページ参照。

　自分より背が高い相手が、上から拳で顔面を攻撃してきた場合、下から右弧拳で拳を払い（♯1－♯2）、相手の体を前のめりにさせて攻撃する（♯3－♯4）。

　この技も一挙動で行うことが大切で、中途半端に相手の中に入ると相手の連続攻撃にはまることになるので、一気に出なければならない。差手・69ページ参照。

互いに構えて(♯1)、相手がまわし蹴りで攻撃してきたとき、左手で防禦しながら(♯2)、相手の中に入って攻撃する。迎手・51ページ参照。

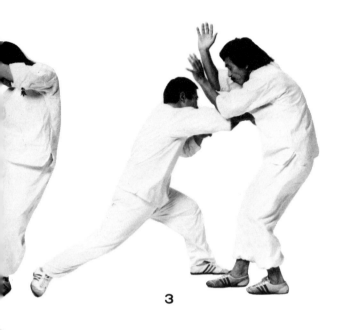

互いに構えた姿勢から(♯1)、相手が前蹴りで攻撃してきたのを左手の差手で受け(♯2)、そのまま相手の中に入って攻撃する(♯3)。これも防禦から攻撃までを一挙動で行うことが大切である。差手・70ページ参照。

互いに向い合って構え（♯1）、相手が後ろ蹴りで攻撃してくるとき、相手の中に入って迎手で受け（♯2-3）、相手の後ろにまわりながら足と顔をつかみ（♯4）、一気に投げる（♯5-♯6）。

この技は相手の間合を盗むことが大切で、防禦しつつ相手の中に入って攻撃するという太気拳の特長がよく出ている。

互いに構え（♯1）、相手の左拳による攻撃を差手で受け止め（♯2）、つついて相手が攻撃してきた右正拳を、右弧拳で受け流して相手のバランスを崩し（♯3－♯4）、体を相手にあずけて押し崩す（♯5－♯6）。差手・64ページ、払手・59ページ参照。

　互いに構えて（♯1）、相手が右顔面へまわし蹴りで攻撃してきたとき、右腕の内側で一度相手の蹴りを止め（♯2）、迎手に変えながら相手の体を回して（♯3－♯4）、相手の体勢を崩す（♯5）。迎手・51ページ参照。

互いに構えた姿勢から(♯1)、相手の左拳での攻撃を迎手で受け(♯2)、つづいて蹴りで攻撃してきたのを、体を半転させて迎手で受ける(♯3)。このとき、まだ相手の右手は生きているので、攻撃されぬように注意して、相手の蹴った足を右手で引き込んで倒す(♯4-♯5)。

この場合相手は蹴ったときの勢いがついているので、簡単にバランスを崩して倒れる。この拳から蹴への連続攻撃の防禦も、できるだけすばやく一気に行う。

　この技は、相手が足払いからまわし蹴りの連続攻撃で攻めてきた場合の応戦方法である。互いに構えた姿勢から（♯1）、相手が足払いをかけてきたとき、足払いに気をとられず中に入り（♯2）、つぎにきた蹴りを迎手でさばいて（♯3）攻撃する（♯4）。この場合、常に前へ出る気迫が大切で、体の動きのリズムを崩さないように気をつける。迎手・51ページ参照。

● 連続攻撃に対して防御からの崩し技

　相手の左から右正拳の攻撃に対して左手（差手の状態）で受け、半歩相手の中に入る（＃1－3）。その時、右手（添手）が非常に重要になる。添手がないと相手の左フックが可能となり反撃される。
　半歩中に入ると同時に右手を返し、左手と一緒に重心を下げて一気に体をぶっつけ、相手を崩す（＃4－7）。
㊟　相手と接触した時、写真5´のように自分の体が「揺」の基本形になっていること。

137

● 連続攻撃（右正拳―回し蹴り―右正拳）
に対しての崩し技

　手で攻撃し、すぐに足技、さらに手技というよくある攻撃パターンの対処法。右手の攻撃に対して左手（払手）で受けると同時に後足を半歩下げる（#1-3）。蹴りがくる時に半歩相手の中に入り、しっかり受ける（#5-6）。この時、前足を上げて防御すると次の右ストレートに押されて敗形となるので、足を上げないこと。

次に相手の右打拳攻撃を受け流して中に入る。相手を押し上げて圧力をかけ、崩す。しかしこの場合、相手が蹴りから突きと体重が前に乗っている状態なので、一気に引いて崩していく（#7－10）。
注 この場合、相手の中に入り、無理に押し崩して常に倒すと言うのは不可能である。押し倒すか、引いて崩すかは自分の手と腰が決めるので普段の稽古が大切であり、太氣拳の特長でもある。

　互いに構えて(♯1)、相手が右前蹴りで攻撃してきた場合、側面から迎手で受け(♯2－♯3)、相手の蹴ってきた勢いを利用して持ち上げると同時に、相手の首に左手をかけてそのまま左足をかけて倒す(♯4－♯6)。

　この技は、相手が深く強く蹴り込んできた場合に限って行う。浅い蹴りの場合、無理に相手の中に入ろうとすると、拳で攻撃されることになる。迎手・51ページ参照。

4

5

6

　互いに構えて(♯1)、相手が顔面へ左拳で攻撃してきたのを払手で受け(♯2)、次にきた右正拳を左手で迎え入れて受け、前に出る(♯3)。相手が1歩後退して(♯4)、前蹴りで蹴り込んできた足を迎手でさばき(♯5)、体を崩して攻撃する(♯6)。払手・61ページ、迎手・41・51ページ参照。

　互いに構えて（♯1）、相手が左まわし蹴りで上段を蹴ってきたとき、迎手で軽く受ける（♯2－♯3）。つづいて右まわし蹴りで攻撃してきたとき、思い切って左手で差して出て相手の中に入り（♯4－♯5）、そのまま足を肘で上方に押し上げて倒す（♯6）。

　写真♯4での右手の位置に注意する。迎手・46ページ、差手・72ページ参照。

互いに構えて（♯1）、相手がまわし蹴りで攻撃してきたのを、差手で一気に止め（♯2）、相手の下にもぐり込むように前に出ながら（♯3）、思い切って相手の足をはね上げる（♯4－♯5）。差手・72ページ参照。

　互いに構えて(♯1)、相手が右正拳で顔面攻撃をしてきたとき、差手で受けながら(♯2-♯3)、右手をひねって相手の拳を右横に流し(♯5)、右足で相手の足を踏んで顔面を手刀で打つ(♯6)。差手・66ページ参照。

3

4

5

　互いに構えて(♯1)、相手が右正拳で突いてきたとき、差手で受け流すと(♯2－♯3)、相手は勢いあまって深く入ってくるので(♯4)、左手を相手の首に巻き込むと同時に右手刀を水月に打ちおろしてきめる(♯5－♯7)。差手・70ページ参照。

　互いに構えた姿勢から（♯1）、上段へ攻撃にくる拳を右手で差すと同時に左手を添えて、一気に押し崩す（♯2－♯4）。

　互いに構えた姿勢から（♯1）、相手の右前蹴りを、腰を沈めながら迎手で足を取り（♯2－♯3）、相手の足を一気に引いて倒す（♯4）。あるいは、相手の蹴りが高い位置にきた場合には、迎手で足を取り（♯3′）、左手でかかとを持ち上げながら右手で足の裏を一気に押す（♯4′）。

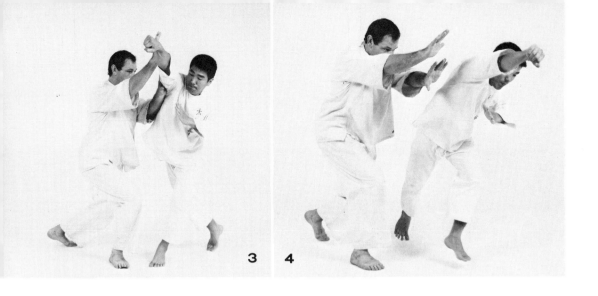

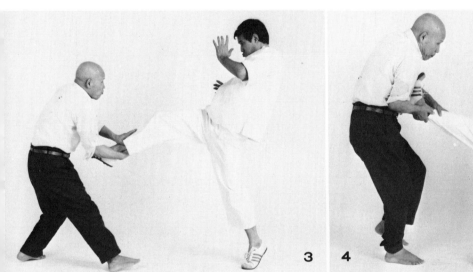

探　手〈たんしゅ〉

　太気拳では、相手を仮想し、攻撃や防禦の動作を一人で、踊るように行うことを「探手」という。これは長い修練ののちには、あらゆる攻撃や防禦を無意識のうちに行えるまで高められねばならないが、初期の段階としては、各攻撃・防禦の形を自らの創意に基き、いろいろなパターンとして組み合わせ、意識的に行うことがまず必要であろう。

　探手は一人で行なう動作であるので、動きによって、その人の鍛練の状態が如実にわかることになる。従って、太気拳をどれだけ会得したか知るのに格好の尺度となる。勿論、探手の中での動きは個人によって全く異なるものであり、自分の個性や体に合った動きと形を自分で見つける必要がある。これは太気拳の特徴であり、太気拳が「形あって形なし」と言われるゆえんはここにある。

　探手の動きは、静から動へと徐々に速く変化するのが普通である。また、常に相手を仮想し体を練るつもりで動くことを念頭に入れておかなければならない。従って、体を大きく広げたり、時には体を縮めたり、また拳で突いたりして、太気拳の拳法の技が全て盛り込まれるような動きをするように心掛けねばならない。

　最後に探手を行う場合、以下のことに注意する必要がある。

1．前進して相手の中に入る動作のときは、首が座らなければならない（顎をひいた状態）。
2．攻撃する動作のときは、添え手の位置に注意すること。
3．前進、後退する這の動作のとき、常に無理のない歩幅で自然に動くこと。
4．一度打拳を出したら、すぐ次の二番手で押す。あるいは引くこと。なぜならば、相手を追うとき、2手め、3手めを押すか引き込むかが勝負の分れ道になるからであり、これも太気拳の特徴である。
5．無駄なフットワークはしないこと。
6．動いているとき、常に気分は前に出ていること。後退しているときもその気分を忘れてはならない。
7．体を一定の形に決めておかないこと。

〈探手〉動きの一例

次ページへ続く

前ページより続く

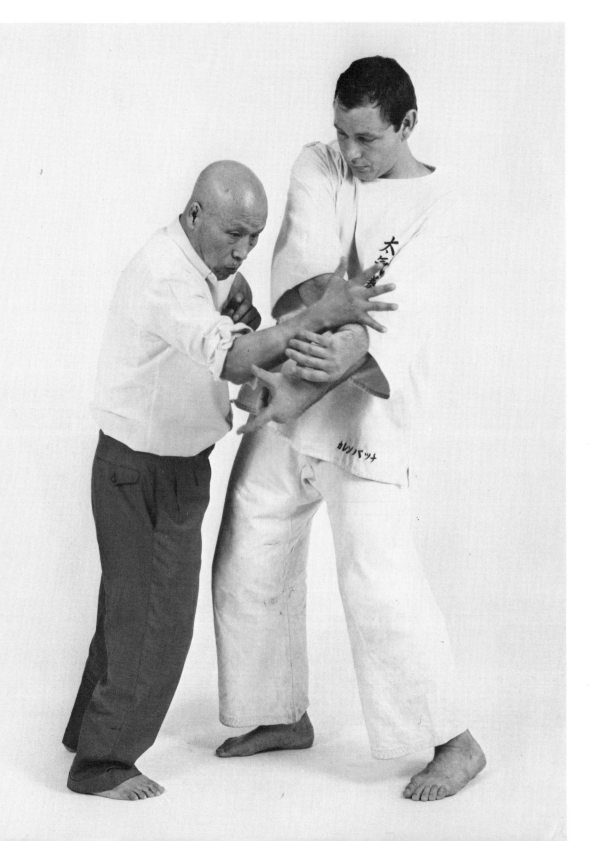

逆　手 〈ぎゃくて〉

　太気拳でいう逆手とは、一般に格闘技として使われているような、自分から攻撃を目的としてねじったり関節をとったりする逆技ではない。相手が腕をねじったり、逆をとろうとするのをすばやく逃げるための、すなわち相手から離れるための方法を『逆手』といっているのである。
　実戦においては、いろんな攻撃や防禦があり、相手が常に同じ蹴りや拳で攻撃してくるとは限らないし、攻撃がそれた時などに組みつかれることもある。そういう時に逆手が発揮されるのであり、太気拳の逆手は、相手にとられた手を小手先の技術ではずすのではなく、手をとられた瞬間、一気に拳を引くと同時に腰を落し、相手の重心を奪うのが基本である。
　海老は、何かに触れたりすると「ぴっ」とまるくなって、飛ぶようにして逃げる。そのように逆手は、一瞬にして相手から離れるのでなければならない。相手がつかんだ瞬間が問題なのであり、その瞬間に腰が沈み、体が収縮するようにしなければならない。逆手の稽古は、まさにその海老をめざすようなものである。目でとらえたり、頭でどうこうするという技術的なものではなく、いかなる状況のもとでも相手の手や体が自分に触れた瞬間、すぐ反応できなければならない。
　逆技や他の技を知識としてたくさん知っていても、とっさには役に立たないものである。何百種類の技を知っていても、実戦で使えなくては無意味である。この項では、25種類の逆手を紹介するが、これらの方法はあくまでも、相手の攻撃、或はその意図から「離れる」という基本的な方法の原理を示すものであり、こういう場合もあるという例にすぎない。やはり逆手を会得するにも、立禅から始めて這・練などで鍛練して、気の発揮をしなければできないのである。小手先の技術を覚えるのではなく、まず、強靱な足腰をつくることを心がけていれば、おおよそ、いかなる危険な場面に遭遇しても、これらの原理を正しく発揮さえすれば、十分の効果は挙げられるはずである。

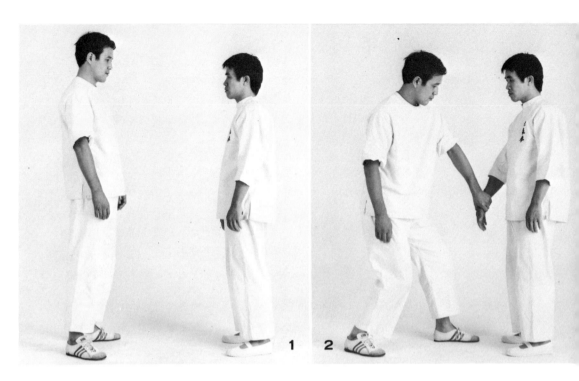

　相手が廻りながら腕をねじろうとする時（♯1－♯3）、相手の誘導しようとする方向の中心へ、腰を落し密着しながら押し進み、相手の体を崩す（♯4）。

　この技が太気拳の中で最も基本になる技である。相手がどのようにして逆をとろうとしても、写真♯4のように腰を十分落して相手の中に入れば、とれるものではない。注意することは、つかまれた手をはずそうとするのではなく、相手に逆をとらさずに一瞬にして体勢を崩すことである。

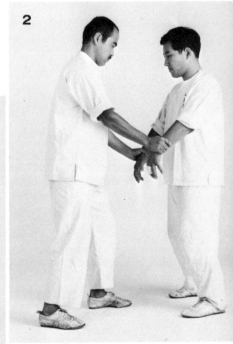

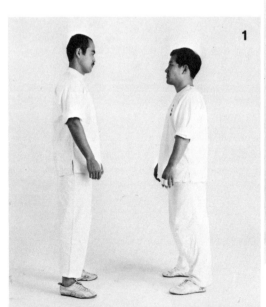

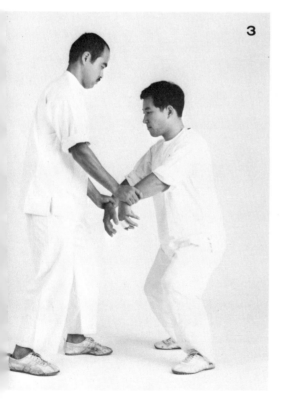

　相手が両腕をつかんできた場合（#1－#2）、腰を落すと同時に手首に力を集中し、斜め下に押して相手の重心を崩す（#3）。あるいは、腰を落すと同時に両腕を内側に返して、手首を押し出す（#3'）。この場合、相手の腕をはずすのではなく、重心を失わせるところに意味があり、太気拳の基本となる技である。

163

相手に握られた右手を（♯1）、少し手前に引きながら（♯2）、外側から円を描くようにしてはずす（♯3－♯4）。この場合に限らず、すべての技が手首だけではずすのではなく、腰を中心にして体全体ではずすのである。

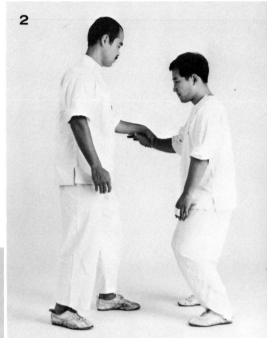

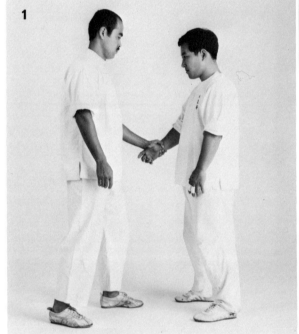

相手に握られた右手を少し手前に引きながら手首を返し（♯2）、相手の中心部を押して崩す（♯3－♯4）。

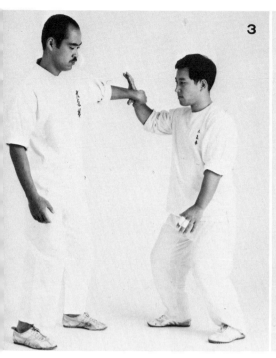

165

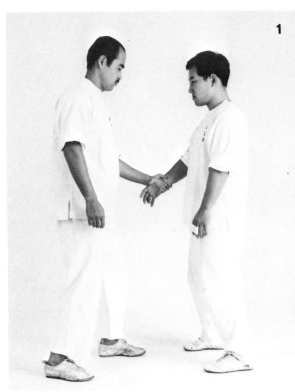

握られた右手を(♯1)、少し手前に引きながら(♯2)、自分の左肩の方へ迎えるようにしてはずす(♯3－♯4)。

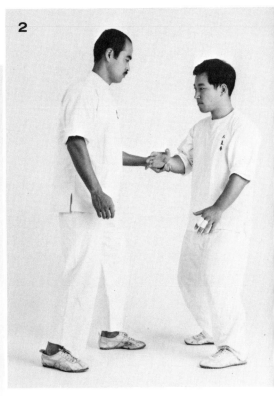

　左手で相手の手首を軽くつかみ、腰を捻って、右手をはずし（♯2）、裏拳で腹部を打つ（♯3）。

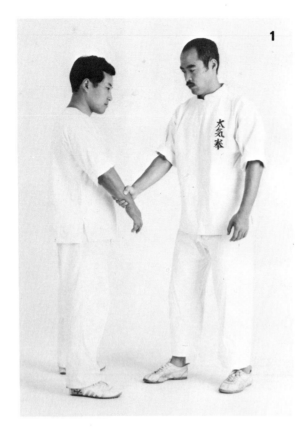

1

2

2

3

相手に握られた右手を(♯1)、少し手前に引きながら、左手を相手の肘に添え(♯2)、手首を返して突き放す(♯3-♯4)。

相手に握られた瞬間、手を引くと同時に腰を落し(♯2)、相手の手首を、左手で軽くつかみ、一気に右手を引いてはずし(♯3)、相手の顔面を弧拳で打つ(♯4)。

相手の握っている手首を(♯1)、左手で軽くつかみ、右手を開きながら内側に廻して(♯2－3)上から押える(♯4)。

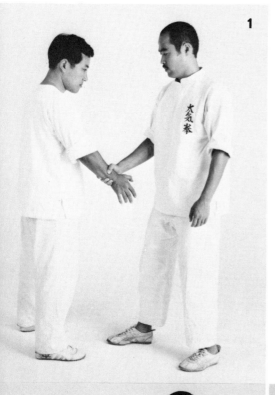

腰を少し落しながら、右手首を外側から廻してはずす(♯2－♯3)。

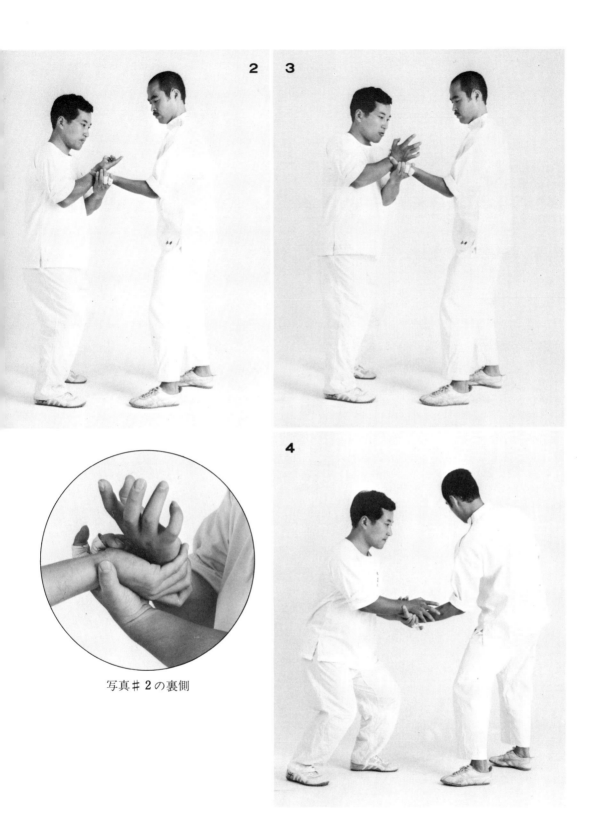

写真♯2の裏側

相手に握られた左手を（♯1）、自分の方に引きつけ、腰を捻りながら、相手の肘に右腕を当ててきめる（♯2－♯3）。

相手が右襟首をとりにきた時(♯1)、首で後ろに引っぱりながら、左手で相手の手首をつかみつつ、右腕で肘をきめる(♯2－♯3)。

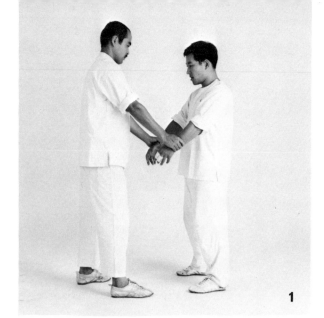
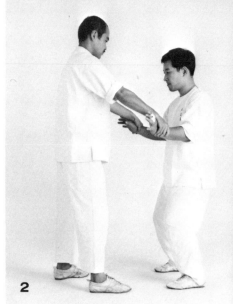
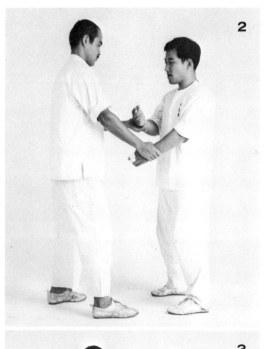

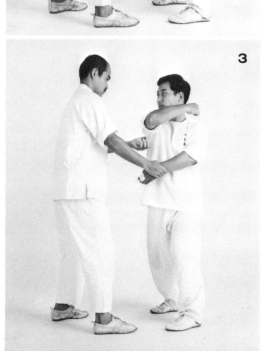

　左手を下に引っぱると同時に、右手首を内側に捻り（♯2）、はずした反動力で相手の顔面を打つ（♯3）。

　相手が両手を握ってきた場合(♯1)、腰を落しながら、手首を外側に廻してはずす(♯2－♯3)。

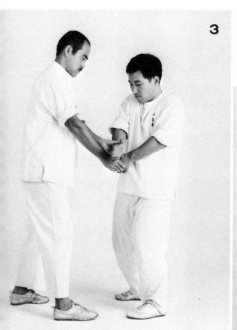

　左手を下に引っぱると同時に、右手首を内側に捻り(♯2)、両手を交差させてはずす(♯3－♯4)。

力の強い者に両手で握られた場合（♯1）、一気に拳を開きながら下へ突きさすようにしてはずす（♯2－♯3）。

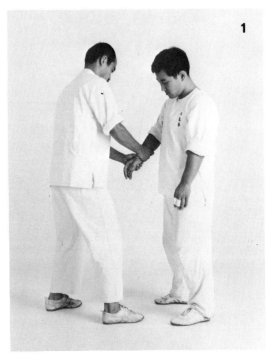

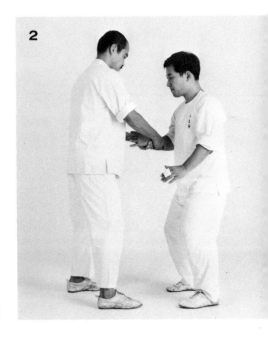

相手に握られた手首を引き、左手を添えて（♯2）、右肘を廻して、腰を捻ってはずす（♯3－♯4）。

腰を落すと同時に、右肘を引きつけ(♯2)、腰を捻りながら、右手首を外側から廻して(♯3)、自分の方に引っぱるようにしてはずす(♯4)。

両手で握られた場合(♯1)、腕を少し引き下げながら腰を落し(♯2)、内側に捻るようにして廻し(♯3)、拳を一気に開いてはずす(♯4)。

両手で胸元をつかまれた場合(♯1)、腰を落しながら、相手の腕の外側から、両腕で押し崩す(♯2－♯4)。

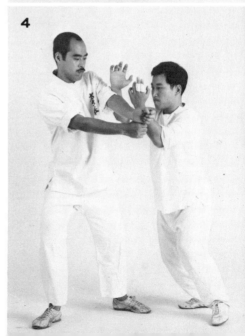

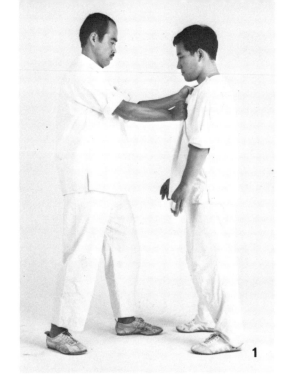

相手の両腕の上に、自分の両腕を軽くのせて（♯2）、一気に腰を落しながら、内側に絞るようにして押える（♯3）。

　両手で胸元をつかまれた場合(♯1)、左足を引いて、腰を落し、相手の両腕の間に下から右手を入れ(♯2-♯3)、回転するようにしてはずす(♯4)。

　左足を引き、腰を落して、相手の両腕の間に上から右手を入れ(♯2-♯3)、回転するようにしてはずす(♯4)。

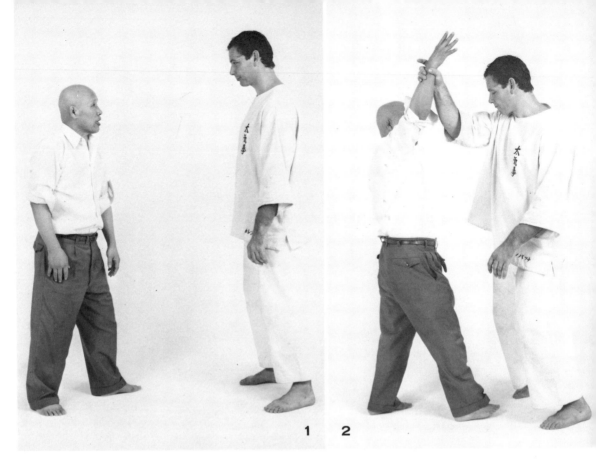

　相手の顔面を、上から拳で殴ろうとして、相手に手首をつかまれた場合（♯1－♯2）、一気に拳を開いて、相手の手首の上に手をおいて押える（♯3－♯4）。

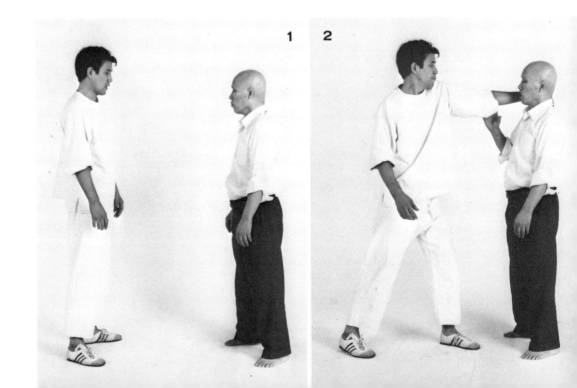

3

4

3

写真♯3の裏側

相手が肩越しにつかみにきた場合（♯1－♯2）、相手の手首を首と肩ではさみ、体を後ろに反らせ、同時に相手の肘を右手でつき上げる（♯3）。

183

あとがき

　真の武術家とは、いかなる状況の下においても、いかなる攻撃を受けようとも、動揺することなく対抗し得る精神力と身体とを兼ねそなえた人物である。しかも、武術家という以上は、力任せに相手を倒すのではなく、技によって相手を制することができなければならない。いうまでもなく、力は若い頃の一時期だけに誇れるものであり、歳をとるにつれて衰えていくものである。それに対して、技は、一度自分自身のものとして体得しさえすれば、簡単に衰えるものではなく、むしろ、歳とともに上達するものである。中国における拳法の名人の多くは、年老いてもなお柔軟な体を保ち、軽い身のこなしができ、スピードも、技の威力も少しも衰えないといわれている。私の師匠である王薌斎先生は、終戦当時78歳くらいであったが、若い私は無論のこと、誰一人として、王先生に打ち勝つことは出来なかったのである。私はこの中国における体験により、そしてまた、帰国してからの毎日の修練によって、中国拳法の奥深さと、素晴しさを知ったのである。

　「36計逃ぐるに如かず」という諺があるが、正に武術の根本はここにあるといっても過言ではない。すなわち、争わずして逃げられれば、それが最善の方法であり、どうしても逃げられない時に、武術の技が生きて来るのである。しかも、その技は何が良いとか、何が悪いというものではなく、相手の技倆、その時、その状況の下で、自ずと違うし、各個人によっても違って当然である。要するに、攻撃することよりも、自分を完全に守ることができれば良いのである。その意味において武術とは、護身術に他ならない。その護身のためには、まず、足腰を中心にして鍛えることによって、より自由に、より早く、体全体が動けるようにすることである。

　太気拳では、立禅を組むことによって、気の発揮を促すと同時に、体の内部を鍛え、這や練によって、柔軟性のある体をつくり、組手で実際の立合いにおける間合いを摑むような稽古方法をとっている。なぜこのような方法をとるのかといえば、単に形や技を覚えても、実際の立合いには役に立たず、体から作っていくことにより、自由自在に動けるようにし、そのことのみが勝利につながるからである。

　今日、世界的に空手を中心に武道が隆盛をきわめている。そのこと自体は、非常に喜ばしいことではあるが、あまりにも商業的になり、技術や知識の切り売り、あるいは単なる健康法としての武術が横行している。しかも、技の追究をないがしろにして、外的に肉体を鍛えることによって強くなろうとする傾向さえ見受けられる。

　道場を開き、幾らかの金銭をもらって教えること自体は、決して悪いことではないが、そうすることによって、武術家の心まで無くしてしまっているように見受けられる。格闘術を教えるのだから、ただその技術を教えればよいとか、或は逆に精神のみを強調するのでは、真に武術を教えるとはいえないのである。

　人間は社会の中で共に生きているのであり、自分というものを考えると同時に、他人のことも考えなければならない。武術を修行することによって、極限状態まで耐え得る精神と肉体を形成しつつ、人間相互の信頼や和を広げなけれ

ばならない。武術の技は、長い年月をかけて練っているうちに、確固としたものにできあがってくるものである。それと同様に人間もまた、長い時間をかけて練る必要がある。武術を通じて、自分自身の体を鍛えるとともに、自分自身を見詰め、他人を見詰め、そして社会を見詰め、人間相互のよりよい関係と社会を形成する、自立した各個人を生みだしていかねばならないのである。それは、取りも直さず、他人を殺すことに何の罪悪も感じない世相において、一見、人殺しの技術を研究しているように見られがちな武術ではあるが、厳しい日々の修練をすることにより、強靱な精神と肉体を作り、悪しき個人主義と、悪しき全体主義を共に廃し、生きた諸関係を創り出してゆかねばならぬということである。

私の歩んできた道は、時代の流れのせいもあって、波瀾万丈ではあったが、中でも、中国において、王薌斎先生に師事し、素晴しいこの拳法を体得でき、良き弟子を得、一生を武術に賭けることが出来たことに関して、至上の喜びを感じる次第である。なお、本書を通して、未知の読者に何等かの役に立てば幸甚である。

澤井健一先生と太氣拳

『太氣拳』の初版が発刊されて31年になる。澤井先生に明治神宮で早朝稽古をつけていただいていた当時、中国拳法は日本ではほとんど知られていなかった。まだ中国との国交もなく、時の総理大臣・田中角栄が訪中し、国交回復(1972年)後、少しずつ情勢が分かるようになってきた。中国拳法の内容はともかく、どのような歴史的な流れがあるのか知ることが出来るようになった。最も驚いたことは、先生の兄弟子・姚宗勲先生がご存命だったことであった。

海外ではブルース・リー映画のヒットでカンフーがブームになっていた。そ

の影響もあり、日貿出版社の桑原氏とカメラマンの松永氏から日本で第一人者の澤井先生に出版をという依頼が私にあった。しかし先生は、本および写真は所詮自分の「影」でしかないと難色を示された。

当時、明治神宮での稽古中に写真を撮るという雰囲気などなく、そのようなことを考える者もいなかった。唯一の写真は、カレンバッハの友人が森の茂みから「隠し撮り」しており、先生に知られたら大変なことになる、と内心ひやひやしていたものだ。

最初に英文書『The Essence of Kung-fu TAIKI-KEN』が出版（1976年4月）され、その後に姚宗勲先生、王薌齋先生の娘・王玉芳姉とも連絡がとれ、先生は大変喜ばれていた。本の影響力には驚くばかりだった。

朝日新聞の天声人語（1984年4月28日）に先生の言われていた「立禅」のことについての記述があった。聞きかじりの人たちの話であろうが、この頃には「立禅」という言葉はそれなりに知られるようになっていた。

当時の話に戻るが、神宮での稽古が終わると代々木駅近くの喫茶店ルノアールで先生のお話を伺うのが慣例だった。

「自然の中で立禅を組む。その後、気分のままに動いてみる——気の養成。分からなくても続ける他はない。どんなに生活が変わろうとも、心から離さないように。それが身に付くとありがたき幸せというものだ」

「ありがたき幸せ」この一言は、先生の口癖であった。

「気の概念」の理解に行き詰まると私たちは具体的な質問を始める。

「先生、このように攻められたらどのように対処しますか、どういう技になりますか？」

先生はすぐに立ち上がり、示範をされる。我々もすぐに真似てみる。その時の技が毎回違っているのだが、それを確認している余裕など我々にはなかった。

立禅から気を養成し、実感覚が体にともなえば体が自然に反応し、技を発してくれるということを理解するのに相当の時間が必要であった。これは「感」「感覚」とも通じるものであり、すべての芸事は同じであろう。先生は時々「……センスがない」などと分かりやすい言葉で表現されるが、「感」を養成するのは容易なことではない。「感」の良し悪しは生涯の大命題でもある。

先生は格技における「気」という概念を本書で初めて日本に紹介したが、当時は非常に難解なものであった。自然の中での立禅から「気」が生まれるという新しい言葉に多くの格闘家が「何となく分かるが実感がともなわない」ともらしていた。しかし、先生の爆発的な威力、俊敏な動き、そして多彩な技が生まれる根源は何か？　と考えると、従わざるを得ないのであった。

二十代の頃に先生から影響を受けた武道家たちも今は還暦の声を聞き始めている。当時の先生の熱い示範・教授を思い起こすと感謝せずにはいられない。王薌齋先生のお姿を胸に、稽古に励まれた澤井先生。我々拳士たちも同じ精神を持ち続け、次代に継承していかなければならない。

2007年 仲秋

佐藤嘉道

自然の中で立つ――立禅

立禅にささえられて

　代々木公園駅からの明治神宮の鳥居の前に朝六時に来なさいと澤井先生に言われてから、五十年になる。

　先生が先に来られては失礼と思い三十分前に立っていると、帽子に木刀杖の印象深い姿が十字路からすっと現れた。「あっ、来た！」この時の特別な緊張感は言葉では言い表せない。現在の禊場(みそぎ)のある広い場所、真中に太い樹があり、池がある所に連れていかれた。先生に言われて初めて木立に囲まれた自然の中の稽古が最高という事が実感としてわかった。

　「私と同じ形で立ちなさい」と言われ、全面木々の前で立禅を組む事になった。しばらくして、鳥の声、風の音などに気が集中し、草むらからの歩いている鳥にも、びくっとするほど平静になっていた。自然の中での稽古、気分とはこういうものかと考え始めると途端に足の痛みと腕の重みが肩にかかり痛くなり、いつ終わるのかという不安感が頭によぎる。自然界での気持ちの平静さ、次に肉体的苦痛、これを何度か繰り返しているうちに先生の「もういいだろう」の声が聞こえ、初めての立禅が終わった。

感覚の養成

　格闘技の中での技に関してを除くと、次のようになる事を認識するのに何年もかかるものであった。

　まず自然の中での気分、感覚についてである。常にとは言い難いが早朝に静かに身を置く事は、実に特別な爽快感にとらわれる。これが「感」、格技における勝負感に連なる。攻撃の感、いわゆるセンスなどと言われる問題である。先生がよく言われていた事で、今攻めていれば優位に持ち込める状態。この機を何度も逃すと決定的に負け形となる。相手の中に入る好機を失う事になり、圧力がかからない。常に上手に押され、後退する。後退を気力、根性で耐えるなどという稽古生もいるが、勝負が長引くと数分後には、全てを忘れて本性が出て、いつの間にか技の出しにくい、押され形になっている事に気づくものである。

　感覚を養うというのは非常に難しく、はっきりとした稽古方法は無い。気分を體の中に満たさなければならない。稽古の中で養える部分もあるのだが、多くは問題がある。仲間内の稽古には実力の差が有り、上手は下手が何をしても楽に対処する事が出来、勝負「感」を養うのは難しい。それは自分の體の動きを滑らかにする稽古であり、また、技を自然に出すのには、稽古相手が必要となる。しかし如何なる相手とも力を発揮出来る、感という事になると、自然の中に身を置いて、ゆったり動き、神経を平静にしていく他に無い。ましてや何年も稽古を続けていく為には、立禅に頼る方法しかない。その結果、「気」を養う事にも通じるのである。早朝、一人で立つ事の他に無い。

　澤井先生の言葉を借りると、「朝、立禅を組めるという事だけでありがたき幸せというもんだ……」と。これが時に激しく攻め、またゆったりと受け流す感覚の妙技に繋がるであろう。また静けさの中の立禅は当然呼吸を平静に保ち、気を一気に発揮する根源となる。息をのんで気を入れる事は、技の問題であるが、呼吸法にて整える必要がある。その為には自然の中で立つ他には無い。

大成拳・王薌齋先生

自然の中で稽古（左・澤井先生、右・岩間統正氏）

太氣至誠拳法・澤井健一先生

腕のまるみが肝要

澤井先生の立禅（1973年、東京・江古田公園にて）

立禅における肉体面について

　腕を円形に保ち、立禅として立つのであるが、前面に腕を出す距離と腕のまるみ、すなわち木を抱かえるような形が重要となる。初めの頃は澤井先生に注意されるがままに同じような恰好をしていたのであるが、本来の意味では出来るものではなかった。先生がその意味を説明する必要もなかったし、当時では先生に質問をするという雰囲気もなかった。意味を理解したから長く稽古を続けるかどうかもわからない。

　話を戻すと、腕を前面に出し、力を抜いて立っていると、まず神経の強さと速さを含む鍛錬になる。次に「筋」(すじ)（筋肉の腱）を太く強くするものである。筋肉トレーニングをすると力と筋力を強くはするが、神経と筋は強くはならない。野球のピッチャーの例と同じである。投手が筋肉マンである必要はない。細身の体でも細い腕でも速い投球ができる。いわゆる赤筋、白筋の問題になる。体に強力な負荷をかける事なく静の状態にする事により鍛えられるのが立禅である。さらに年齢を重ねても容易には衰えない。筋肉トレーニングでは、一週間も忘れれば格技における神経と筋力は充分には働かなくなる。「人は自然の中で気力、気分を養成出来る」という澤井先生の言葉は五十年経る今でも実感するものである。

　最後に「地」すなわち、立禅における下半身の問題になる。相手がいない静の状態で腰、足の「筋」が鍛えられる。立禅の腰、膝の曲げる角度、踵の上げる位置は当然、相手と接する腰位置、歩幅とも一致していなければ意味がない。腰の低い状態での素早い動き、さらに送り足、追い足、前後の交叉足を出来るようにする基礎になる。じっと立っているから、動けなくなるのではないかと当初考えていたが、その心配は無用であった。昔より伝承されてきた稽古法を一旦自分の身に覚え込ませる事が肝要である。「古きを稽える」(かんが)。誠に稽古という言葉そのものである。

　澤井先生から教えを戴いてあっという間の半世紀、四季折々の自然に思いを深め、立禅をする日々である。最後に大成拳・王薌齋先生の遺詩の一節、さらに澤井健一先生の導訓を紹介し、これからの拳士の遺訓となれば幸いである。

王薌齋先生遺詩
一、拳法別開面貌新　筋含勁力骨在神　　（後略）
二、不知千年我道在　打破樊籬更幾人　　※樊籬（はんり、垣根）

（一、拳法の修業は私に新しい一面を開いてくれました。筋骨は強く丈夫、神が宿り、摩訶不思議な力を身につけたようです。）

（二、千年もの長い間の継承されてきた道、この拳法の奥義の垣根を突き破ることが出来る者が更にこれから何人現れて来るのだろうか。）

澤井健一先生導訓
一、飽食暖衣逸居して、教無きは禽獣に近し。
二、日々三度食して一日一度の稽古が出来ないのか？

2015年 孟冬

佐藤嘉道

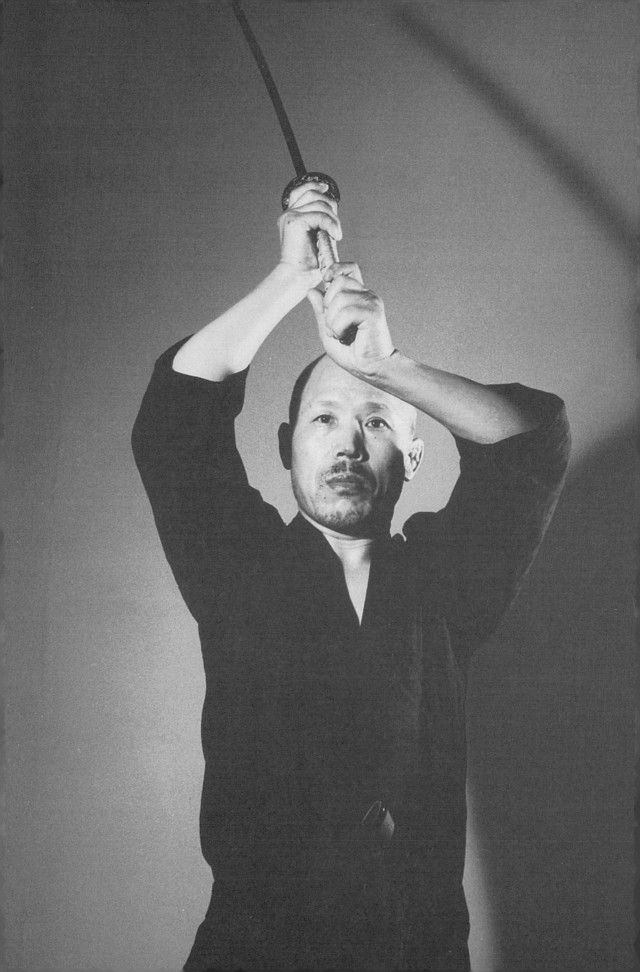

著者略歴

澤井健一 (Kenichi Sawai)

1903年生まれ。東京都出身。柔道五段／剣道四段／居合道四段。1988年死去。

1931年に中国に渡り、中国拳法の達人・王薌齋先生に出会う。先生との立ち会いの結果、まったく歯が立たず、その場で弟子入りを決意する。しかし、外国人は弟子に持たずとする先生に入門を拒否され、一週間入門嘆願を続けた末に、やっと弟子入りを許可される。以来、中国拳法の稽古にひたすら励む。

1947年、王薌齋先生の許可を得て、新たに太氣至誠拳法（太氣拳）を創始し、日本に帰る。道場を持たず、師の教えを守って、自然の中で稽古することを主義とし、森の中で早朝より稽古に励む。著者の優れた拳法理論と実力を慕って集まった数人の弟子だけに真の中国拳法を教えた。

1976年11月、本書の初版発行以降弟子入り志望者が急増し、多くの弟子がその薫陶を受けた。また、他流派の高段者や格闘家にも多大な影響を与え、その実力と人柄から「拳聖」と賞賛されている。

本書の内容の一部あるいは全部を無断で複写複製（コピー）することは法律で認められた場合を除き、著作者および出版社の権利の侵害となりますので、その場合は予め小社あて許諾を求めて下さい。

新装増補版

実戦中国拳法　太氣拳　●定価はカバーに表示してあります

1976年11月15日　初版発行
1985年8月1日　8刷発行
1989年3月1日　並製版発行
1992年6月1日　4刷発行
1998年4月15日　新装版発行
2007年11月15日　新装改訂版発行
2008年8月20日　2刷発行
2016年1月30日　新装増補版1刷発行

著　者　澤井健一（さわい　けんいち）
発行者　川内　長成
発行所　株式会社日貿出版社
東京都文京区本郷5-2-2　〒113-0033
電話　（03）5805-3303（代表）
FAX　（03）5805-3307
振替　00180-3-18495

印刷・製本　大日本印刷株式会社
写真撮影　松永秀夫
© 2016 by Yoshimitsu Sato ／ Printed in Japan
落丁・乱丁本はお取り替え致します

ISBN978-4-8170-6012-9
http://www.nichibou.co.jp/